Edexcel A2 French
Teacher's Guide and CD-ROM

Anneli McLachlan

Malcolm Johnson

Fiona Irving

Nancy Brannon

Helen Ryder

A PEARSON COMPANY

Published by Pearson Education Limited, a company incorporated in England and Wales, having its registered office at Edinburgh Gate, Harlow, Essex, CM20 2JE. Registered company number: 872828

www.heinemann.co.uk

Edexcel is a registered trademark of Edexcel Limited

Text © Pearson Education Limited 2009

First published 2009

13 12 11 10
10 9 8 7 6 5 4 3

British Library Cataloguing in Publication Data
A catalogue record for this book is available from the British Library

ISBN 978 0 435396 25 1

Produced by Tek-Art, Crawley Down, West Sussex
Cover design by Jonathan Williams
Cover photo: Gavin Hellier/Robert Harding
Printed in the UK by Ashford Colour Press Ltd.

Acknowledgements
The editor and publisher would like to thank: Anneli McLachlan, Malcolm Johnson, Fiona Irving, Nancy Brannon, Helen Ryder, Richard Marsden and Clive Bell.

Every effort has been made to contact copyright holders of material reproduced in this book. Any omissions will be rectified in subsequent printings if notice is given to the publishers.

The websites used in this book were correct and up to date at the time of publication. It is essential for tutors to preview each website before using it in class so as to ensure that the URL is still accurate, relevant and appropriate. We suggest that tutors bookmark useful websites and consider enabling students to access them through the school/college intranet.

Disclaimer
This Edexcel publication offers high-quality support for the delivery of Edexcel qualifications.

Edexcel endorsement does not mean that this material is essential to achieve any Edexcel qualification, nor does it mean that this is the only suitable material available to support any Edexcel qualification. No endorsed material will be used verbatim in setting any Edexcel examination/assessment and any resource lists produced by Edexcel shall include this and other appropriate texts.

Copies of official specifications for all Edexcel qualifications may be found on the Edexcel website – www.edexcel.org.uk

Contents

Introduction

Edexcel A-Level French is Heinemann's new two-part A-Level French course written to match Edexcel's new AS and A2 examinations.

This Teacher's Guide accompanies the second part of the course. Written by an experienced author, and an Edexcel examiner, *Edexcel A-Level French*:

- provides comprehensive coverage of the Edexcel A-Level specification in an easy-to-use format
- teaches and practises grammar in context
- develops study skills, including pronunciation, to prepare students for the final examination
- encourages independent study.

Components

The course components are:

- Student's Book with CD-ROM
- Audio CDs
- Grammar Practice and Revision Book
- Teacher's Guide with CD-ROM
- Assessment Pack.

Student's Book with CD-ROM

The A2 Student's Book is divided into four modules that correspond to the three topics and language specified in the Edexcel A2 specification, namely:

1) **Literature and the arts**
   (Module 1, Histoire, arts et littérature)
2) **National and international events: past, present and future** (Module 2, Questions de société, questions d'actualité and Module 3, Questions mondiales)
3) **Customs, traditions, beliefs and religions**
   (Module 4, Traditions, croyances et convictions).

The modules are subdivided into two-page units. Each unit starts with topic, grammar and skills objectives, which are then developed through listening, reading, speaking and writing exercises to build up to productive spoken and written tasks. Grammar is presented in context via the *Grammaire* panels, with grammar practice exercises on the Student's Book page. Study skills and pronunciation are practised via the *à l'examen* and *Prononciation* panels respectively. To help build their confidence and develop their knowledge of the language, students are given useful guidance via advice panels and key language boxes. *Culture* panels also appear periodically, providing background information on cultural issues raised in the stimulus material.

At the end of each module there are topic-related vocabulary lists *(Vocabulaire)* and an exam preparation section in the style of the Edexcel examinations *(Épreuve orale, Épreuve écrite)*, which provides invaluable advice and practice for the speaking and writing elements of the A2 examination.

Towards the end of the Student's Book there is a comprehensive grammar reference section and a student reference section listing useful phrases for productive spoken and written work.

In the back of the Student's Book you will find a self-study listening CD (student listening activities CD-ROM), which contains extra listening practice material with interactive activities, so that the students can practise their listening independently.

Audio CDs

There are two audio CDs, recorded by native French speakers, containing listening materials to support the Student's Book.

Teacher's Guide with CD-ROM

Printed Teacher's Guide

This includes:

- overviews for each module listing the topics, grammar and skills covered
- detailed teaching notes, including suggested starter and plenary exercises, audio transcripts, answers, and suggestions for additional or follow-up exercises where appropriate

The following symbols are used in the Teacher's Guide:

 material on audio CD

 an activity from the self-study listening CD (student listening activities CD-ROM) could be used at this point

Accompanying CD-ROM

This contains:

- Scheme of Work planning sheets to help you plan your A2 course on a yearly and week-by-week basis.
  Week-by-week Scheme of Work For each of the four Student's Book modules there are weekly planning documents which break down the content of the module week by week. This breakdown is an estimate and is designed to help you work through the book in the teaching time available. It is based on 24 weeks' teaching time in the year, but can be adjusted if you have more or fewer weeks at your disposal, because the Word files are completely customisable.
  Yearly Scheme of Work There are two yearly planning documents. The first one assumes that two teachers will share the teaching of the

Student's Book and suggests how the teaching could be split between them. If the teaching is to be shared between more than two teachers, the scheme can be adapted by cutting and pasting. The second overview assumes that one teacher will teach 'the book', i.e. the topic content, and another will teach the grammar. The Grammar Practice and Revision Book that accompanies the course (see below) covers the grammar in the same order as the Student's Book and is designed to be used alongside it. If you choose to use your own grammar resources, this overview will help you decide what to teach and when.

- **vocabulary tests** with mark sheets to revise the language covered in each module
- **verb tables**, set out in a student-friendly format, which can be printed out
- a full set of **audio transcripts** from the audio CDs, set out as one transcript per page, which can be printed out for teacher or student reference.

You can use these transcripts to help the students acquire listening skills vital for both their A2 examinations. The transcripts are Word documents that are fully customisable and can be used in a variety of ways. For example, you can create double spacing between the lines for students to note vocabulary and you can remove words from the transcripts to create activities where students listen for key items of vocabulary.

Grammar Practice and Revision Book

The Grammar Practice and Revision Book is designed to be used alongside the Student's Book. It organises the grammar students need to learn on a month-by-month basis, to provide an invaluable and personal grammar reference, and activities that will help students put grammar into practice.

Assessment Pack

This contains photocopiable end-of-module tests in the style of the Edexcel examination, to help you and your students prepare for the A2 examination.

Free topic updates

All users of *Edexcel A-Level French* will receive FREE twice-yearly updates, one for AS and one for A2, in the form of worksheets containing authentic texts and exercises that supplement the work in the Student's Book. This service will ensure that the course content is as up to date as possible.

Useful addresses

Edexcel
Customer Service
One90 High Holborn
London
WC1V 7BH
Tel: 0844 576 0025
www.edexcel.org.uk

Association for Language Learning
University of Leicester
University Road
Leicester
LE1 7RH
Tel: 0116 229 7453
www.ALL-languages.org.uk

Centre for Information on Language Teaching and Research (CILT)
3rd Floor
111 Westminster Bridge Road
London
SE1 7HR
Tel: 020 7379 5102
info@cilt.org.uk

Central Bureau for Educational Visits and Exchanges (CBEVE)
British Council Information Centre
Tel: 0161 957 7755
general.enquiries@britishcouncil.org

European Bookshop
5 Warwick Street
London
W1B 5LU
Tel: 0207 734 5259
www.eurobooks.co.uk

Institut français
17 Queensberry Place
London
SW7 2DT
Tel: 0207 073 1350
www.institut-francais.org.uk

Alliance française
6 Porter Street
London
W1U 6DD
Tel: 0207 7723 6439
www.alliancefrancaise.org.uk

Module I Histoire, arts et littérature

Objectives

Connexions entre histoire, arts et littérature	*Connections between history, the arts and literature*
Survoler le XXème siècle: la quête de justice et de liberté	*The quest for freedom and justice in the 20th century*
Analyser un film	*Analyse a film*
Analyser le travail d'un réalisateur	*Analyse a film director's work*
Parler de lecture et de littérature	*Talk about reading and literature*
Parler du théâtre	*Talk about the theatre*
Parler des artistes et de leurs œuvres	*Talk about artists and their work*
Parler d'une ville	*Talk about a town*
Parler d'architecture	*Talk about architecture*

Le présent (1)	*The present tense (1)*
Le présent (2)	*The present tense (2)*
Les pronoms démonstratifs	*Demonstrative pronouns*
Les pronoms possessifs	*Possessive pronouns*
Les temps du passé	*Past tenses*
Les pronoms relatifs	*Relative pronouns*
Les pronoms interrogatifs	*Interrogative pronouns*
Le futur	*The future tense*
Ce, ceci, cela, ça	*This and that*

Connaître les périodes, les événements et les personnages clés du XXème siècle	*Discover the key periods, events and iconic figures of the 20th century*
Utiliser le contexte pour comprendre ou expliquer	*Using context to understand or explain*
Faire des recherches documentaires efficaces	*Research documents efficiently*
Rechercher les causes et mesurer l'impact d'un événement	*Research the causes and measure the impact of an event*
Traduire du français à l'anglais	*Translate from French into English*
Écrire un essai sur un film	*Write an essay about a film*
Écrire un essai	*Write an essay*
Analyser un extrait d'un roman	*Analyse an extract from a novel*
Inventer et décrire un personnage	*Invent and describe a character from a novel*
Étudier une pièce, une scène	*Study a play or a scene from a play*
Enchaîner les idées	*Link ideas*
Commenter une œuvre d'art	*Comment on a work of art*
Exprimer et justifier son opinion	*Express and justify your opinion*
Évaluer différents facteurs	*Evaluate different factors*
Activer son vocabulaire	*Use vocabulary learned so far*

1 Le XXème siècle: un siècle de progrès et de destructions

(Student's Book pages 8–9)

Objectives

t Connections between history, the arts and literature

g The present tense (1)

s Discover the key periods, events and iconic figures of the 20th century; using context to understand or explain

Starter

Write up on the board the question: *Est-ce que le XXème siècle est un siècle de progrès ou de destructions?* Draw up two columns and label them: *'Progrès'* and *'Destructions'*. Students write down key ideas that relate to either progress in the twentieth century, e.g.: *le droit des femmes, la littérature, la technologie, la science, la musique* etc. or negative influences, e.g.: *le chômage, la guerre, la pollution, le réchauffement de la planète, les espèces en voie de disparition* etc. To provoke debate, you could also suggest more controversial events, which have negative and positive connotations, such as: *l'immigration.*

Reading 1, page 8

Before starting the reading exercise, draw students' attention to the timeline on pages 4–5 which will assist students for this exercise and throughout the unit. Ask students to read the texts A, B and C and work out the period or event that the text is describing.

Answers:

A La Belle Époque
B Mai 68
C La première guerre mondiale

Listening 2, page 8

Students listen to the recording and write notes and key words relating to the three different historical events before working out the period or event in history to which each passage refers.

CD 1 Track 2

1
En France, c'est la grande dépression. La Banque Nationale de Crédit fait faillite ainsique Citroën. Le nombre de chômeurs se multiplie. La France est affaiblie par une monnaie trop forte et un marché mondial qui s'effondre.

2
Les troupes allemandes envahissent la Pologne, la Norvège, le Danemark, la Belgique et ensuite la France. Certains Français se joignent à la Résistance, tandis que d'autres accueillent l'occupant. Puis c'est l'extermination d'un peuple, l'Holocauste.

3
Les femmes adoptent la coupe à la garçonne, les cheveux courts, leurs jupes se raccourcissent, elles se maquillent et fument en public. Les changements dans la mode reflètent une société en mutation.

Answers:

1 Le Krach boursier
2 La seconde guerre mondiale
3 Les Années Folles

As an extension task, students work in pairs. One student describes a period/event/work of art/movement and his/her partner has to guess which one it is.

Reading 3, page 8

First go through the *Grammaire* panel at the top right of page 8. Ask students to conjugate *appeler, libérer* and *nettoyer* before conjugating the verbs in brackets into the present tense. Students then decide whether the sentences are true or false.

Answers:

1 La Belle Époque **redonne** espoir aux gens.
2 Matisse **peint** *La Danse* en 1925.
3 Coco Chanel **écrit** des poèmes surréalistes.
4 Les résistants **rejettent** le régime de Vichy.
5 Les Bleus **espèrent** devenir champions du monde en 1997.
6 La guerre d'Algérie **précède** la guerre d'Indochine.
7 En mai 68 les étudiants et les ouvriers **essayent** de faire évoluer la société.
8 Le premier homme sur la lune ne **vient** pas de France.

1 vrai
2 faux
3 faux
4 vrai
5 vrai
6 faux
7 vrai
8 vrai

Listening 4, page 8

Before listening to two young people planning an unusual visit to a famous cemetery in Paris, revise how dates are said in French either on a worksheet or on the board.

1914 = **mille neuf cent** quatorze *or* **dix-neuf cent** quatorze

In 1940 = **en** mille neuf cent quarante *or* en **quarante**

In 2000 = en **l'an deux mille**

In 2002 = en **deux mille deux** (there is no equivalent to 02)

In the 19th/20th century = **au** dix-neuvième/vingtième (siècle) ('siècle' can be omitted)

In the 20s = **dans les années** 20

Students listen to the recording and complete the grid for each famous person buried in the Père-Lachaise cemetery and include the details required.

CD 1 Track 3

– Alors demain, moi, j'aimerais visiter le cimetière du Père-Lachaise …

– Un cimetière? Ah non merci, je suis plus à l'aise dans le monde des vivants.

– Non, ça doit être super, le Père-Lachaise. On y trouve les tombes de beaucoup de gens célèbres et c'est comme une petite ville avec des rues et des quartiers différents. Beaucoup de personnes y vont et il paraît qu'il y a une très bonne ambiance. On apprendra beaucoup de choses.

– On verra quoi par exemple?

– Alors … Tiens … le tombeau d'Édith Piaf, toi qui as aimé *La Vie en Rose* avec Marion Cotillard, non? … euh … Elle est née en 1915, elle est décédée en 1963.

– Bon, d'accord.

– Et tu t'intéresses à la peinture… Alors … On pourrait aller voir le tombeau d'Eugène Delacroix, qui est né en 1798 et qui a disparu en 1863.

– C'est celui qui a peint *La Liberté guidant le peuple* non?

– C'est juste!

– J'adore!

– Et il y a la sépulture de Jane Avril. Elle, elle est née en 1868 et est décédée en 1943. C'était une danseuse et le modèle de Toulouse Lautrec.

– Il y a des écrivains aussi?

– Il y en a plein! De toutes les époques. Il y a Molière, 1622 à 1673.

– Molière, Molière … j'ai vu ce film récemment avec Romain Duris. J'adore cet acteur.

– Le film … Le film … Oui, mais, Molière, c'est un grand, c'est le patron de la Comédie française. On peut voir aussi Honoré de Balzac … Il a écrit *La Comédie Humaine*. Lui, il est né en 1799 et est décédé en 1850. Pour le vingtième siècle, il y a le tombeau de Marcel Proust: 1871 à 1922.

– Celui qui aimait les madeleines?

– C'est ça. Ah, et celui de Colette aussi.

– Ah, j'aime bien ses livres. Elle est née quand?

– En 1873 et elle est morte en 1954.

– Y a-t-il des poètes?

– Oui, oui … Guillaume Apollinaire, qui a écrit *Calligrammes*. Il est né en 1880 et il est mort en 1918. Et Paul Éluard, le grand poète surréaliste.

– Oui, je connais: «La Terre est bleue comme une orange.»

– Né en 1895, mort en 1952. Il y a pas mal de musiciens: Francis Poulenc … pff … connais pas … Né en 1899, décédé en 1963, il a été très influencé par la musique d'Erik Satie.

– Poulenc, je ne connais pas non plus.

– Bizet?

– Ah oui, ça me dit quelque chose.

– Georges Bizet, qui a écrit *Carmen*, l'opéra, 1838–1875.

– C'est triste. Qu'est-ce qu'ils mourraient jeunes! On vit beaucoup plus longtemps de nos jours.

– C'est ça le progrès, tu vois. Et j'aimerais voir le tombeau de Lucie Aubrac qui était résistante durant la seconde guerre mondiale. Elle est née en 1912 et est morte en 2007.

– Et Jean-Paul Sartre?

– Ah non, lui, il est au cimetière de Montparnasse dans une tombe qu'il partage avec Simone de Beauvoir. Quant à Zola et Jean Moulin, eux, ils sont au Panthéon avec Marie Curie et Louis Braille.

– Ce sera pour une autre visite à Paris alors …

Answers:

Nom de l'artiste	Profession ou connu(e) pour …	Date de naissance	Décédé(e) en
Édith Piaf	Chanteuse *La Vie en Rose*	1915	1963
Eugène Delacroix	Peintre Tableau *La Liberté guidant le peuple*	1798	1863
Jane Avril	Danseuse Modèle de Toulouse-Lautrec	1868	1943

Molière	Écrivain Patron de la Comédie française	1622	1673
Honoré de Balzac	Écrivain *La Comédie Humaine*	1799	1850
Marcel Proust	Écrivain Les madeleines	1871	1922
Colette	Écrivaine	1873	1954
Guillaume Apollinaire	Écrivain *Calligrammes*	1880	1918
Paul Éluard	Poète surréaliste	1895	1952
Francis Poulenc	Musicien	1899	1963
Bizet	Musicien Opéra *Carmen*	1838	1875
Lucie Aubrac	Résistante 2ⁿᵈᵉ guerre mondiale	1912	2007

Speaking 5, page 8

As a class, students discuss recent or historical events and/or iconic figures that interest them. It is important at this level that students justify their opinions.

Students read the information in the *à l'examen* panel which offers useful advice about choosing a subject of particular interest and consider the availability of access to relevant source material for the Research-Based Essay (RBE).

Reading 6, page 9

Students read through the questions first. This is a good examination technique which will enable them to extract the information required when reading through the text. Students then answer the questions in English.

Answers:

1   It deals with the important movements characterising the 20th century in art, the influence of philosophy and history on literature, and the changes in the field of music.
2   art, literature, philosophy, music
3   abstract art
4   fauvism, cubism, surrealism
5   the two world wars
6   Ravel

Reading 7, page 9

Students copy out the thirteen underlined verbs. Ask students the tense of the underlined verbs. Students then write out the infinitive of the verbs and conjugate them into the first person singular and third person plural.

Answers:

present tense

vouloir – je veux – ils veulent = *to want*
réagir – je réagis – ils réagissent = *to react*
négliger – je néglige – ils négligent = *to leave, disregard*
appuyer – j'appuie – ils appuient = *to lean*
s'opposer – je m'oppose – ils s'opposent = *to oppose*
inscrire – j'inscris – ils inscrivent = *to fit, to enrol*
remettre – je remets – ils remettent = *to make ... again*
rechercher – je recherche – ils recherchent = *to research*
voir – je vois – ils voient = *to see*
étreindre – j'éteins – ils éteignent = *to constrain*
donner – je donne – ils donnent = *to give*
contribuer – je contribue – ils contribuent = *to contribute*
devenir – je deviens – ils deviennent = *to become*

Listening 8, page 9

Before listening to Amélie, who is talking about the poem *La Colombe poignardée et le jet d'eau* by Guillaume Apollinaire, ask students to read through the poem. They can also listen to the recording of the poem. Students then answer questions 1–6 in English.

 CD 1 Track 4

La Colombe poignardée et le jet d'eau, par Guillaume Apollinaire

Douces figures poignardées chères lèvres fleuries
Mia Mareye
Yette Lorie
Annie et toi Marie
Où êtes-vous ô jeunes filles

Mais près d'un jet d'eau qui pleure et qui prie
Cette colombe s'extasie

Tous les souvenirs de naguère
Ô mes amis partis en guerre
Jaillissent vers le firmament
Et vos regards en l'eau dormant
Meurent mélancoliquement
Où sont-ils Braque et Max Jacob
Derain aux yeux gris comme l'aube
Où sont Raynal Billy Dalize
Dont les noms se mélancolisent
Comme des pas dans une église
Où est Cremnitz qui s'engagea
Peut-être sont-ils morts déjà
De souvenirs mon âme est pleine
Le jet d'eau pleure sur ma peine.
Ceux qui sont partis à la guerre
au Nord se battent maintenant
Le soir tombe Ô sanglante mer
Jardins où saigne abondamment
le laurier rose fleur guerrière.

CD 1 Track 5

Ce poème s'intitule *La Colombe poignardée et le jet d'eau*. Il s'agit d'un poème écrit par Guillaume Apollinaire. Ce poème est extrait du recueil de poèmes qui s'appelle *Calligrammes*. Ce livre a été publié en 1918, avec le sous-titre de *Poèmes de la paix et de la guerre 1912 à 1916*. Apollinaire a donc écrit ce poème quand il était au front, pendant la première guerre mondiale. Il s'était engagé volontairement pour partir à la guerre en 1914, donc il était favorable à cette guerre.

Un calligramme est un poème dont le texte forme un dessin en rapport avec le thème du poème. Ce calligramme est en fait composé de deux dessins, de deux poèmes. Le premier est en forme de colombe, qui représente la colombe poignardée, et le deuxième en forme de fontaine, le jet d'eau.

Plusieurs noms de femmes figurent dans le premier poème, et comme la colombe est le symbole de la paix et de l'amour mais qu'elle est poignardée, le poème semble parler des amours perdues.

Quant au deuxième poème, il contient cette fois des noms d'hommes, par exemple Braque, un peintre cubiste, Max Jacob, un poète. Il se trouve que ces deux artistes étaient des amis d'Apollinaire. À cette époque, les peintres, les écrivains se connaissaient, se fréquentaient, s'influençaient les uns les autres.

Apollinaire utilise des questions, se demande où sont ces amis maintenant. Apollinaire semble évoquer ses amis disparus.

Ces deux poèmes expriment sa tristesse par rapport à ses amours et ses amis perdus à cause de la guerre. Je trouve étrange qu'il soit sur le front, qu'il connaisse les horreurs de la guerre et qu'il semble toujours en faveur de la guerre. Pour lui, cela doit être important de se battre pour sa patrie, pour la France.

Les mots qui composent le jet d'eau me font penser à des larmes, comme si quelqu'un pleurait, ce qui renforce la tristesse du message du poème, celle du poète qui pleure ses amis et ses amours disparus.

Apollinaire est né à Rome en 1880. Sa famille émigre à Monaco quand il a sept ans et déménage à Paris en 1899. Il était l'ami de Braque, de Matisse et Picasso. Il meurt en 1918, victime de la grippe espagnole qui ravage l'Europe à cette époque. Il est enterré au cimetière du Père-Lachaise à Paris.

Answers:

1   He was a poet who fought in the First World War.
2   He wrote it at the Front.
3   Poems of peace and war 1912–1916.
4   a dove and a fountain
5   friends of Apollinaire
6   Student's own answer.

Speaking 9, page 9

Students work with a partner to discuss the questions about the poem, *La Colombe poignardée et le jet d'eau* and then literature and art in general. Before they begin, on the board or on a worksheet, students match up the translations of the following literary expressions:

un poème – *a poem*
une poésie – *poetry*
un vers – *a line (of a poem)*
une rime – *a rhyme*
rimer – *to rhyme*
une comparaison – *a comparison*
une métaphore – *a metaphor*
un symbole – *a symbol*
un emblème – *an emblem*
apprécier – *to appreciate*
cela m'émeut – *I am moved by / it's moving*
cela me laisse indifférent(e) – *it leaves me cold*

Speaking 10, page 9

Students choose a period, a well-known figure or an event from the twentieth century and prepare a talk that lasts one minute to present to the class. They must include the points mentioned.

Plenary

After listening to everyone's views in exercise 10, students write one or two sentences about what or who they believe are the most inspiring people, movements or events of the twentieth century and why. This final task encourages further analysis and should lead to a debate with the rest of the class.

2 Sous les pavés, la plage
(Student's Book pages 10–11)

Objectives

t The quest for freedom and justice in the 20th century

g The present tense (2)

s Research documents efficiently; research the causes and measure the impact of an event

Starter

Write up on the board key vocabulary relating to the events of *mai 68*, e.g. *le capitalisme, l'impérialisme, le pouvoir gaulliste, la révolte de la jeunesse étudiante, le mouvement ouvrier, la libéralisation des mœurs, la grève générale,* etc. Ask students to translate these key phrases into English and then ask whether they can work out why *mai 68* holds such significance in French history.

Speaking 1, page 10

Refer students to the advice panel which reminds them to be selective when doing research and to search for information in French, e.g. by using French internet search engines. You will need to advise your students how to discern the level of the material they find. Stress that it is useful to locate material that is written to the correct standard for A level French and encourage them to use a variety of sources so that they can offer a balanced view.

Students study the seven different sources relating to the events of *mai 68*. In pairs, they discuss how they would rank the different sources in order of importance. Using the resources they feel are useful, students prepare a presentation about *mai 68*.

Reading 2, page 11

Students read the text about Jean-Paul Sartre and fill in the blanks with the words provided in the box. Remind them to think carefully as there are two words too many. As a grammar reinforcement exercise, students then copy out the verbs in the

present tense. Then draw their attention to the *Grammaire* panel on page 10 and ask students to conjugate the verbs *reconnaître* and *percevoir* in the present tense.

Answers:

Au lendemain de la seconde guerre mondiale, une (1) **philosophie**, l'existentialisme, domine la pensée (2) **française**. La philosophie de Jean-Paul Sartre est explicitement athée et (3) **pessimiste**. L'existence de l'homme exclut l'existence de (4) **Dieu**. L'homme est l'avenir de l'homme, l'homme est ce qu'il se fait.

Sartre affirme que l'homme (5) **a** besoin de donner un fondement rationnel à sa (6) **vie** mais qu'il est incapable de réaliser cette condition. Aussi la vie (7) **humaine** est-elle à ses yeux une «futile passion». Néanmoins, Sartre met l'accent sur la liberté de l' (8) **homme**, sur ses choix et sa responsabilité.

Writing 3, page 11

Students read the text about Albert Camus, conjugate the verbs in brackets into the present tense and then translate them into English.

Answers:

Albert Camus (1) **attache** son nom à une doctrine personnelle: la philosophie de l'absurde. Une fois qu'il (2) **aura pris** conscience de l'absurde, de l'inutilité de sa condition et de la certitude de la mort, l'homme est libre. Paradoxalement, c'est à partir du moment où l'homme (3) **connaît** lucidement sa condition qu'il (4) **se libère**. Il (5) **peut** alors s'engager, se révolter et chercher le bonheur en profitant du temps présent.

Reading 4, page 11

From reading the two texts in exercise 2 and 3, students should have grasped the important role Sartre and Camus played in the 20th century. Ask students to fill in the form as set out on the bottom of page 11 in English.

Answers:

name: Jean-Paul Sartre
movement: Existentialism
principal ideas: Man is his own future; he is what he makes of himself. Atheistic and pessimistic.

name: Albert Camus
movement: Philosophy of the absurd
principal ideas: By becoming aware of the absurd, man becomes free.

Writing 5, page 11

Students translate the eight sentences from French into English, using the infinitives provided.

Answers:

1 Le vingtième siècle bouleverse la France.

2　La philosophie influence la littérature.

3　Les deux guerres mondiales soulèvent la question de la condition humaine.

4　En mai 68 tout le pays est paralysé par des grèves.

5　Les ouvriers, les artistes, les étudiants descendent dans la rue.

6　Le Président de Gaulle reçoit un message.

7　Il dissout l'Assemblée Nationale.

8　On a du mal à comprendre aujourd'hui.

Listening 6, page 11

Ask students if they know of any famous French musicians / singers / music genres from the twentieth century, e.g. *la musique classique, électronique, la chanson d'auteur, le jazz, le rap*, etc. in preparation for exercise 6 and 7. Students then listen to the recording and write down the key characteristics of the two main trends.

CD 1 Track 6

Les années 1950 à 1970 représentent un virage décisif pour la Chanson Française. Musicalement, en moins de dix ans, tout va changer: public, styles musicaux, modes vestimentaires, techniques d'enregistrement. Nous y trouvons deux tendances:

La première tendance était celle des chanteurs à texte. Les musiciens créaient des chansons en fonction des évènements politiques et économiques, prenant position en donnant leur avis sur la politique, la justice. Les artistes se servent d'évènements graves (guerre, chômage, prison …) pour écrire leurs chansons afin de faire passer un message à la population. À travers leurs paroles, nous arrivons à comprendre les faits marquants de cette époque.

La deuxième tendance était celle des yéyés. Dans une époque de prospérité économique, les enfants du baby-boom découvrent les plaisirs de la société de consommation et accèdent facilement à la musique. Même si elle connaît des phases critiques (Algérie, guerre froide, etc.), cette jeunesse est insouciante. Ce nouveau mode de vie ainsi que les mouvements musicaux ont permis une évolution et une libération des mœurs chez les jeunes générations. L'adolescent peut s'exprimer, il est reconnu.

Answers:

Les musiciens utilisent leurs paroles de chansons comme des réponses ou des réactions aux événements politiques et économiques en donnant leur opinion et en envoyant un message à la population/aux gens. Leurs paroles nous aident à comprendre les événements importants de l'époque.

Les ados fans de musique de début des années 60 (une période de prospérité économique) avaient aisément accès à la musique et étaient insouciants. C'est ce nouveau mode de vie, associé aux nouveaux mouvements musicaux, qui a débouché sur la libération des mœurs des jeunes de cette génération. Les adolescents pouvaient enfin s'exprimer et se faire entendre …

Listening 7, page 11

Students listen to the four pieces of music and match them up to the four different genres listed. Students then use the vocabulary below to express their opinions about these different music genres. What do students notice about the use of French and English in the music they have heard?

CD 1 Track 7

1
La musique électronique (comme Daft Punk)

2
La chanson d'auteur (comme George Brassens ou Renaud)

3
La musique classique (comme Pierre Boulez)

4
La musique des yéyés (comme Sylvie Vartan)

Answers:

1 D, 2 B, 3 A, 4 C

Writing 8, p11

Before setting task 8, alert students to the advice panel on the bottom of page 11 which reminds them to research a topic from different angles and to be selective when memorising facts as they will not be allowed any notes when writing the RBE. Now ask students to choose a specific event of the twentieth century and write 100 words explaining the causes and impacts of this event and its influence on society.

Plenary

Challenge the class to see who has managed to retain the most information from the past two units. Each student must mention one key event, iconic figure or movement from the twentieth century and if someone repeats a piece of information or runs out of ideas they're out!

Module 1, Activity 1 ▶ Histoire ▶ Les soixante-huitards

3 Le cinéma français

(Student's Book pages 12–13)

Objectives

t Analyse a film

g Demonstrative pronouns

s Translate from French into English; write an essay about a film

Starter

Prior to the next lesson, for a homework activity, ask students to find out three interesting facts about either a famous French actor / director, or a key cinematic movement such as 'La Nouvelle Vague'. Students should bring in a picture which relates to what they have found out.

Listening 1, page 12

Students listen to the recording, note down the ten different films that are mentioned and translate the titles into English.

CD 1 Track 8

1
J'aime les films de science-fiction comme *La Guerre des étoiles*.

2
Retour vers le futur, le 1 le 2 ou le 3, tous me font rire.

3
La trilogie du *Seigneur des Anneaux*, non je n'ai pas vu non …

4
Les Dents de la mer? Des requins en carton pâte? Non, ça ne me fait pas peur!

5
Les films de James Bond comme *Demain ne meurt jamais*, très bien pour un vendredi soir, avec une bonne pizza!

6
Piège de Cristal avec Bruce Willis en policier new-yorkais qui sauve le monde, j'a-dore!

7
De temps en temps un bon petit film avec la mafia genre euh… *Le Parrain*.

8
La Haine, film culte! Il faut que tu le voies!

9
Mon film préféré? *Premiers pas sur scène*. J'adore Zac Efron, il est génial.

10
L'Âge de glace et puis *L'Âge de glace 2*, ça j'adore.

Answers:

1 Star Wars
2 Back to the Future, the trilogy
3 The Lord of the Rings, the trilogy
4 Jaws
5 James Bond, Tomorrow Never Dies
6 Die Hard
7 The Godfather
8 Hate
9 High School Musical
10 Ice Age and Ice Age: The Meltdown

Speaking 2, page 12

Students do the quiz and then in pairs discuss their film preferences. They feed back to the rest of the class about their partner's preferences to practise using the third person singular.

Listening 3, page 12

Ask students to listen and take notes on the six youngsters talking about the differences between French and American cinema and their preferences.

Students take notes either in English or in French as a challenge.

CD 1 Track 9

1
Le cinéma français est plutôt «intellectuel» et «créatif». Il y a plus de réflexion et de sophistication. C'est ce côté-là que j'apprécie le plus. Les films français sont perçus par la société américaine comme artistiques. Il y a des réalisateurs américains comme les frères Coen qui font des films «d'art et d'essai», mais en général l'industrie existe pour faire de l'argent non pas des films de qualité.

2
Le géant hollywoodien investit énormément dans ses films mais les acteurs connus, les décors et des effets spéciaux qui coûtent les yeux de la tête ne font pas forcément un bon film. Personnellement, je préfère l'approche française. Il faut dire aussi que le cinéma français a beaucoup influencé l'industrie américaine; bien des films français sont devenus des remakes à grand succès par exemple *Le Retour de Martin Guerre*, *À bout de souffle*, pas mal de films de Claude Chabrol.

3

Le cinéma français est un cinéma intimiste qui est orienté vers les relations sociales. On parle des relations, les personnages sont en général bien développés et dessinés. La façon dont le film est tourné ou est monté joue un rôle, alors que le cinéma américain c'est des films à gros budgets qui sont plutôt orientés vers l'action et la science-fiction. Il faut dire que je trouve les films français un peu ennuyeux. Je préfère les films d'action.

4

Les films américains sortent très facilement à l'international mais les films français ne sortent qu'en France donc la reconnaissance n'est forcément pas la même, mais souvent les gros blockbusters réalisés avec des gros moyens sont très pauvres au niveau du scénario… C'est la raison pour laquelle le cinéma américain m'agace.

5

L'origine d'un film m'importe relativement peu. J'aime certains films français mais aussi certains films américains. Ça dépend. Je ne peux pas dire que je préfère l'un ou l'autre. Impossible! Pour moi c'est l'histoire et l'intrigue qui sont importantes. Si ces deux éléments sont bien développés, normalement un film va marcher.

6

Moi, je n'aime pas trop les films qui ont un thème sérieux, un message quoi, genre Ken Loach. Ça me donne le cafard. Je préfère les films drôles. J'aime rire moi. La vie est courte! De temps en temps, les Français font une bonne comédie, mais c'est rare, tandis que les Américains en font plein. C'est pour ça que je préfère les films américains, en fin de compte.

Answers:

1 She prefers French cinema, more focused on quality than money-orientated. French cinema is sophisticated and reflective.
cinéma français: «intellectuel» et «créatif», plus de réflexion et de sophistication, artistique
cinéma américain: existe en général pour faire de l'argent non pas des films de qualité.

2 She prefers French cinema because of lower budgets and not as much investment in famous names and special effects which don't necessarily guarantee a good film, good stories as loads of American remakes prove.
cinéma américain: le géant hollywoodien, investit énormément, les acteurs connus, les décors et des effets spéciaux qui coûtent cher, beaucoup d'investissement ne garantit pas forcément un bon film.

cinéma français: a beaucoup influencé l'industrie américaine; bien des films français sont devenus des remakes à grand succès.

3 He prefers American films. He likes action movies, finds French films boring.
cinéma français: orienté vers les relations sociales, on parle des relations, les personnages sont bien développés et dessinés.
cinéma américain: des films à gros budgets, orientés vers l'action et la science-fiction.

4 She prefers French cinema. French films don't get the distribution American films do. Often big budget films have poor screenplays.
cinéma français: les films français ne sortent qu'en France.
cinéma américain: sortent facilement à l'international, gros blockbusters réalisés.

5 Can't say which he prefers. Treats each film on its merits.
L'histoire et l'intrigue sont importantes pour faire marcher un film.

6 Prefers American cinema, they make more comedies. Doesn't like serious social realism. Life is too short!
Il n'aime pas trop les films avec un thème sérieux, un message, mais préfère plutôt les films drôles qui font rire.

Reading 4, page 12

You may want to introduce the next part of the lesson by showing a DVD clip of the film *La Haine*. Students should read the synopsis about the film *La Haine* and highlight key cinematic expressions. Then they should read and answer questions 1–8.

Answers:

1 Un policier a perdu son arme et un des jeunes de banlieue la trouve.
2 Le film traite de la vie dans les cités, dans la banlieue parisienne.
3 Vinz, juif; Saïd, un maghrébin; Hubert (Cousin Hub), un noir. Ils représentent les minorités raciales et religieuses de la société française.
4 L'action se passe dans plusieurs lieux/endroits: la cité, dans le centre de Paris, dans une galerie et au commissariat.
5 Le réalisateur a choisi de tourner son film en noir et blanc pour qu'il ait l'air d'un documentaire.
6 Elle est remarquable car elle se compose de musique rap, de chansons de Bob Marley et de verlan.
7 *Réponse personnelle des étudiants.*
8 a les banlieues, b la délinquance, e la violence urbaine

Reading 5, page 13

Students copy the key elements of the film *La Haine,* listed at the top of page 13, into the correct column of the grid. There are some *faux amis*, e.g. *la cité* = *housing estate* so students need to be careful!

Answers:

Les personnages	Les thèmes	Les techniques	Les lieux, les décors

les forces de l'ordre
la police
les CRS
les émeutiers
les jeunes
le pistolet
	la délinquance
	l'ennui
	le chômage
	le racisme
	l'exclusion
	la double culture
	la crise d'identité
	le conflit des
	   générations
	les violences urbaines
		les images en noir et
		   blanc
		le surréalisme
		les mouvements de
		   caméra saccadés
		l'utilisation de l'espace
		la bande sonore
		la musique rap
		le verlan
		l'argot
			la cité
			le commissariat de police
			la banlieue
			le parking
			le RER

Writing 6, page 13

Students translate the film synopsis into French. Draw students' attention to the advice panel on translating from English into French before they begin.

You may wish to devise a phrase worksheet listing key phrases for analysing films to assist students.

Answers:

L'histoire de 'La Haine' se passe dans une cité de la banlieue de Paris / banlieue parisienne. Les personnages principaux sont représentatifs du / représentent le mélange ethnique de ces quartiers. Le film aborde des thèmes tels que l'exclusion, le rapport entre les jeunes et la police, et le racisme. Les effets spéciaux sont absents de ce film. La façon dont le film est tourné rappelle le genre documentaire. Le traitement du temps accentue l'intensité dramatique. Un film à ne pas manquer.

Writing 7, page 13

This exercise reinforces students' understanding of demonstrative pronouns covered in the *Grammaire* panel. Students fill in the blanks with the appropriate demonstrative pronouns.

Answers:

1. – J'aime les films de Jacques Audiard.
   – Je préfère **ceux** de Robert Guédiguian.
2. Marc a apprécié les scènes tournées à Nice, tandis que Mathilde a préféré **celles** qui avaient été tournées à Cannes.
3. – Je vais voir le film de Steven Spielberg.
   – Ah bon? Moi, je vais voir **celui** de Jean-Jacques Annaud.
4. Quel poster préfères-tu? **Celui-ci** ou **celui-là**?

5. Quelle scène de *La Haine* t'a le plus marqué? **Celle de** Vinz devant le miroir ou **celle** où Vinz montre le pistolet à ses copains?

Writing 8, page 13

Draw students' attention to the advice panel on page 12 about analysing a film rather than narrating its action. This is very important advice if students choose to write about a film for the RBE.

With this in mind, students write 250 words about a film that they have recently seen and include all the elements listed in the Student's Book.

Plenary

Ask students to work out the link between units 1, 2 and 3 and the legendary Édith Piaf. Links are:

Unit 1: she was an iconic figure of the 20th century and is buried in the *Père-Lachaise* cemetery.

Unit 2: She was an icon of French cabaret music, linking nicely to Unit 3: '*La Vie en Rose*', her song which is the title of the film about Piaf's turbulent life and career. You may want to end the lesson with a listening activity by printing out the lyrics of '*La Vie en Rose*' and asking students to fill in the gaps whilst listening to the song. For a homework activity, you could ask students to translate the song into English.

 Module 1, Activity 2 ▶ Art ▶ Ciné Fan

4 Silence … Ça tourne!

(Student's Book pages 14–15)

Objectives

t Analyse a film director's work

g Possessive pronouns

s Write an essay

Starter

Write up the following headings on the board or on a worksheet: *Les cadrages, Les genres, Les techniques*, and ask students to place the following vocabulary (which should appear randomly) in the correct column: *un plan d'ensemble, un plan moyen, un plan américain, un gros plan, une comédie romantique, un film d'action, un film d'aventure, un film noir, un film policier, la science-fiction, les images en noir et blanc, le surréalisme, les mouvements de caméra saccadés, l'utilisation de l'espace.*

Listening 1, page 14

Give students one minute to study the film posters and the six film directors' names. They then listen to the recording, match up each film to one of the directors listed and make notes in English on the style of film each of the directors makes. Point out that two of the directors listed aren't mentioned in the recording.

CD 1 Track 10

1
J'aime beaucoup les films de Luc Besson. C'était un des fondateurs du cinéma du «look», dans les années 80, avec son film *Subway*. J'ai beaucoup aimé *Nikita*, mais c'est vraiment avec son film *Le Grand Bleu* qu'il a connu la gloire. *Le Cinquième Élément*, lui, représentait un budget énorme. Besson se consacre désormais à des films qui privilégient la distraction et l'action. J'ai remarqué que le thème de la recherche de l'amour est toujours présent dans ses œuvres.

2
Jean-Pierre Jeunet a commencé sa carrière en réalisant des films publicitaires pour travailler ensuite avec Marc Caro. Ensemble, ils ont réalisé *Delicatessen* et *La Cité des enfants perdus*. Jeunet aime collaborer avec Pitof qui est **le** pionnier de l'imagerie numérique en France. Avec Pitof, il a mêlé le fantastique à la réalité pour créer des décors comme tout droit sorti d'un rêve. Jeunet aime aussi travailler avec Dominique Pinon et Audrey Tautou, qui incarne Amélie dans son film *Le fabuleux destin d'Amélie Poulain*.

3
Influencé par Herzog, Wenders et Fassbinder, Jacques Audiard se déclare «un artisan du cinéma». Il commence à tourner assez tardivement. Et il tourne lentement. Quatre films en onze ans! *Regarde les hommes tomber* avec Mathieu Kassovitz, qui a aussi joué dans *Un Héros très discret*, raconte l'histoire d'un homme qui s'invente une identité de héros. Ses films subtils traitent de l'homme à la recherche de son identité et souvent ils traitent également des relations compliquées entre père et fils. J'ai adoré Romain Duris dans *De battre mon cœur s'est arrêté*.

4
Dans ses films, François Truffaut revient aux thèmes de l'enfance, de la femme, de l'amour et de la mort, introduisant des acteurs inconnus, privilégiant des décors extérieurs et utilisant une caméra légère. Avec les autres réalisateurs de la Nouvelle Vague, il a bouleversé le cinéma. Très influencé par Hitchcock, Truffaut a choisi les éléments du cinéma américain qu'il voulait inclure dans son œuvre. Son premier long-métrage est en noir et blanc, en 35mm scope, le format des films d'Hollywood, et il a été primé à de nombreux festivals, comme par exemple à Cannes en 1959.

Answers:

1 c, 2 d, 3 b, 4 a

Reading 2, page 14

Refer students to the advice panel which stresses the importance of recognising a film director's cinematic techniques and recurrent themes. In pairs students match up the different types of camera shots and their functions. Ask students to read through the functions to ensure that they have understood the vocabulary.

Also, note that the cartoons are by the famous French cartoonist, Gotlib. If you want to go into more detail about Gotlib there is more information on the website www.marcelgotlib.com.

The French cartoonist Gotlib (Marcel Gottlieb) was born in Paris on July 14th, 1934. He started his career drawing for children's books and magazines. In the 1960s he created the character Gai-Luron before working for *Pilote* magazine, in collaboration with René Goscinny (creator of *Astérix* and *Lucky Luke*), who encouraged him to come up with his first series, *Rubrique-à-Brac*. He addressed an extremely wide range of subjects dealing with stereotypes and clichés from everyday life. Using caricature and parodies he became a master of black humour. In 1972 he co-launched one of the first comic magazines for adults, *L'Écho des Savanes* with Claire Brétécher. *L'Écho des Savanes* was very influential in the comic world and encouraged the creation of many fanzines. In 1975 he launched his own magazine *Fluide Glacial*. His style changed as he could express himself freely for an adult audience without censorship. In 1991, he was awarded le Grand Prix d'Angoulême at the French comic festival, and became the president of the festival the year after.

Answers:

1 h, 2 a, 3 e, 4 f, 5 g, 6 d, 7 c, 8 b

Reading 3, page 14

Students identify the types of camera shots that the posters illustrate in exercise 1.

Answers:

a gros plan, b plan américain, c contre-plongée, d plan d'ensemble

Listening 4, page 14

Students listen to a radio broadcast about the French cinematic movement *La Nouvelle Vague* and take notes on the points listed.

Note: This can be turned into a reading exercise if more support is needed, by providing students with the transcript.

CD 1 Track 11

La Nouvelle Vague a 50 ans

Vers la fin des années cinquante, une équipe de très jeunes réalisateurs nommés Godard, Truffaut, Resnais, Rivette, Rohmer, Chabrol, critiques aux *Cahiers du Cinéma*, a décidé de déclarer la guerre aux films traditionnels. Ils se mettent à tourner des films différents, nouveaux, tant par leur technique que par leur sujet.

1959: *Les 400 Coups* et *À bout de souffle* sortent coup sur coup.

En tournant rapidement et avec peu de moyens, la jeune équipe des *Cahiers* descend dans la rue, montrant des extérieurs et des intérieurs naturels. C'est bien cette exigence de liberté que revendique d'abord la Nouvelle Vague, en réaction contre les films de studio, tournés en décors. Plus d'effet plombé, engoncé, plan-plan: on se débarrasse des artifices pour accéder à davantage de vérité.

On laisse désormais la part belle à l'improvisation, à l'inattendu, puisque les équipes tournent à la sauvage, sans figuration. De même on n'hésite pas à monter ses films avec de faux raccords; on choisit des plans de différentes prises, et on coupe dans la séquence, créant un effet saccadé, non continu. Certaines scènes se déroulent quasiment en temps réel. Parfois, l'acteur s'adresse par exemple via la caméra au spectateur, et l'éclairage se fait plus naturel, plus léger pour pouvoir suivre le mouvement. Comme dans la vie, certains dialogues sont inaudibles à cause de la radio ou des bruits de la circulation. La Nouvelle Vague a une perception impressionniste du réel, dans le sens où l'herbe avec la lumière, n'est pas verte, mais violette ou bleue.

Suggested answers:

le terme Nouvelle Vague:
la fin des années cinquante (1959)
de très jeunes réalisateurs: Godard, Truffaut, Resnais, Rivette, Rohmer, Chabrol
déclarent la guerre aux films traditionnels
en réaction contre les films de studio
des films différents par leur technique et par leur sujet
films: *Les 400 Coups* et *À bout de souffle*
revendication: exigence de liberté, se débarrasser des artifices pour accéder à davantage de vérité
perception impressionniste du réel

les caractéristiques du tournage:
rapide
peu de moyens
dans la rue, montrant des extérieurs et des intérieurs naturels
scènes en temps réel
l'éclairage naturel
Comme dans la vie, certains dialogues sont inaudibles à cause de la radio ou des bruits de la circulation

le montage: effet saccadé créé par de faux raccords, plans de différentes prises, séquences coupées

le jeu des acteurs: s'adressent via la caméra au spectateur

l'improvisation: sans figuration, l'inattendu

Writing 5 page 15

Before starting the writing exercise, refer students to the *Grammaire* panel which illustrates possessive pronouns. Go through some examples on the board and ask students to write an example of their own using a possessive pronoun, to check understanding. Then, ask students to read the text and replace the words in bold with the appropriate possessive pronoun.

Answers:

Réalisateur: Quand vous travaillez en équipe, vous vous rendez compte très vite du fait que certaines approches sont différentes de **la vôtre**. Par exemple, avec mon dernier caméraman, nos choix de plan pour une scène particulière n'étaient pas du tout les mêmes. **Les siens** étant meilleurs que **les miens**!

Journaliste: Vos idées étaient vraiment différentes **des siennes**?
Réalisateur: Oui. Et c'est quand on a un caméraman qui est vraiment très expérimenté qu'on commence à bien comprendre la mise en scène. Leurs choix sont différents …

Journaliste: Et **les leurs** peuvent être plus originaux?

Réalisateur: Bien évidemment …

Speaking 6, page 15

Ask students to prepare a two-minute presentation about a director they admire and to include the points listed. Before students present, draw their attention to the *à l'examen* panel at the bottom of page 15 which offers tips on making the oral presentation. You could ask each student a question on their chosen director to test how spontaneous they can be when put on the spot.

Writing 7, page 15

Before starting the writing activity, ask students to read the *à l'examen* panel at the top of page 15 which highlights the importance of structuring and presenting a balanced argument when writing an essay. With this in mind, students should study the phrases and decide where they would feature in their essay. Then they should write an essay of approximately 250 words in response to the statement, 'Cinema is not an art form but an industry'.

Plenary

In pairs, students prepare ten questions that they would like to ask if they could interview their favourite film director or actor. For homework, they should try and find out the answers to their questions and present the interview at the beginning of the next lesson. More confident students may act it out and memorise their lines.

5 Bibliophobe ou bibliovore?
(Student's Book pages 16–17)

Objectives

t Talk about reading and literature

g Past tenses

s Analyse an extract from a novel; invent and describe a character from a novel

Starter

Prior to the lesson, for a homework activity, give each student the name of a well-known French writer and ask them to fill in the following headings with the writer's details, e.g. ***Nom:*** *Albert Camus,* ***Naissance:*** *7 novembre 1913,* ***Décès:*** *4 janvier 1960,* ***Activité:*** *romancier, dramaturge, essayiste,* ***Genre:*** *roman, théâtre, essai, nouvelle,* ***Thème(s):*** *absurde, éthique, humanité, amour, politique,* ***Influences:*** *Victor Hugo,* ***Œuvres principales:*** *L'Étranger, La Peste, Le Mythe de Sisyphe, La Chute.* At the beginning of your next lesson, ask students to prepare a one-minute

presentation using the information they have gathered. This will enable students to practise their ability to speak spontaneously and to make full sentences from bullet points.

Listening 1, page 16

Students listen to Joanie, Raoul and Julie responding to a survey about youngsters and reading and note down their comments to answer the seven questions in French. Encourage students to make a habit of writing notes in French when carrying out listening exercises, as it saves time translating back into French.

 CD 1 Track 12

1 Joanie
  – Joanie, quel genre de livres aimez-vous lire?
  – Je suis une grande lectrice, je dévore les livres. J'aime les romans surtout. Les classiques. J'aime moins les biographies, je préfère la fiction.
  – Où lisez-vous d'habitude?
  – Dès que j'ai un moment de libre, je bouquine … à la pause de midi, dans le bus. Mais là où je préfère lire, c'est confortablement installée dans mon fauteuil, ou bien sur mon lit.
  – Que lisez-vous actuellement?
  – Je viens juste de commencer *Nana* d'Émile Zola. J'adore sa façon de décrire la vie.
  – Êtes-vous membre d'un club de lecture?
  – Non, pas encore, je n'aime pas trop parler de mes lectures. J'adore garder mon petit univers privé. Je n'ai pas envie de le partager avec d'autres. Je lis pour me cultiver, pour moi quoi, pas pour les autres.
  – Quels sont vos auteurs préférés?
  – Zola, Maupassant, Balzac, Flaubert … Plus contemporain, j'aime bien Marc Lévy et mon auteure préférée c'est Anna Gavalda.
  – Combien de livres lisez-vous par an?
  – Une trentaine je dirais.
  – Comment choisissez-vous ce que vous allez lire?
  – Je discute avec ma mère qui est prof de lettres. J'aime bien flâner dans les librairies aussi et quand un livre me plaît, je cherche les autres livres du même auteur.
  – Très bien, merci.
  – Mais je vous en prie.

2 Raoul
- Et vous, Raoul, quel genre de livres aimez-vous lire?
- J'ai tendance à lire sur Internet. Je lis des blogs surtout. Je ne lis quasiment plus de livres ou de magazines, je lis des articles mais en ligne. Je crois que c'est le cas pour beaucoup de jeunes de mon âge. Des fois je télécharge des livres, ou des audio-livres que j'écoute quand j'arrive pas à dormir.
- Où lisez-vous d'habitude?
- Eh bien, dans ma chambre, dans des cafés. Si j'ai mon ordi, c'est que je suis en train de lire quelque chose.
- Et actuellement qu'êtes-vous en train de lire?
- Récemment j'ai découvert un blog très intéressant sur les robots.
- Êtes-vous membre d'un club de lecture?
- Non, ça ne m'intéresse pas du tout, c'est pas mon style.
- Quels sont vos auteurs préférés?
- Quand j'étais plus jeune je lisais pas mal de Jules Verne.
- Combien de livres lisez-vous par an?
- À part ce que je dois lire pour le lycée vous voulez dire? C'est que je lis très peu de livres comme je l'ai déjà expliqué.
- Comment choisissez-vous ce que vous allez lire?
- Je cherche des blogs sur les sujets qui m'intéressent comme l'informatique, les jeux vidéo, la photographie, ce genre de choses …
- Et bien merci pour vos réponses.
- Mais y'a pas de soucis.

3 Julie
- À votre tour, Julie. Quel genre de livres aimez-vous lire?
- J'adore les BD. Les polars j'aime bien aussi. Les romans d'amour, non merci. Il faut qu'un bouquin me plaise dès la première page, sinon je laisse tomber.
- Où lisez-vous d'habitude?
- Ça dépend euh … dans le métro quand je vais au lycée. En fait je lis surtout quand je suis en vacances. Je sais pas euh … sur la plage, dans mon bain.
- Que lisez-vous en ce moment?
- Je suis en train de lire un policier, *La Bavure* de Jean-François Coatmeur. C'est super.
- Êtes-vous membre d'un club de lecture?
- Oui, mais je n'ai pas lu le livre la dernière fois.
- Quels auteurs préférez-vous?
- Pas facile comme question … Simenon … et euh … certains auteurs américains comme Raymond Chandler et Dashiell Hammett. Et comment il s'appelle, ah oui, Elmore Leonard.
- Combien de livres lisez-vous par an … environ?
- Une dizaine je crois.
- Comment choisissez-vous ce que vous allez lire?
- Normalement, pour faire mon choix, je lis les recommandations sur les sites internet. Je regarde les conseils sur Amazon et les critiques des personnes qui ont déjà lu le livre.
- Merci beaucoup.
- De rien, je vous en prie.

Answers:

	Joanie	Raoul	Julie
1	les romans, les classiques, la fiction	des blogs, des articles en ligne, télécharge des livres, ou des audio-livres	les BD, les polars
2	quand elle a du temps libre … à la pause de midi, dans le bus, dans son fauteuil, ou sur son lit	dans sa chambre, dans des cafés	dans le métro quand elle va au lycée, en vacances sur la plage, dans son bain
3	*Nana* de Zola	un blog sur les robots	un policier, *La Bavure* de Jean-François Coatmeur
4	pas encore: n'aime pas parler de ses lectures, veut plutôt garder son petit univers privé	pas son style	oui, mais elle n'a pas lu le dernier livre
5	Zola, Maupassant, Balzac, Flaubert, Marc Lévy, Anna Gavalda	Jules Verne	Simenon, Raymond Chandler, Dashiell Hammett, Elmore Leonard

| 6 | une trentaine | très peu sauf ce qu'il doit lire pour le lycée | une dizaine |
| 7 | discute avec sa mère, regarde dans les librairies, cherche des livres des auteurs qu'elle aime | cherche des blogs sur les sujets qui l'intéressent | elle lit les recommandations sur les sites internet, regarde les conseils sur *Amazon* et les critiques des personnes qui ont déjà lu le livre |

Speaking 2, page 16

In pairs, students take it in turns to ask and answer the questions from the survey in exercise 1.

Note: Give students names of authors if support is needed, e.g. Zola, Maupassant, Balzac, Flaubert, Marc Lévy, Anna Gavalda, Jean-François Coatmeur, Simenon, Raymond Chandler, Dashiell Hammett, Elmore Leonard.

Reading 3, page 16

Students copy out the headings and place the vocabulary under the correct one.

Answers:

Ce qu'on lit	Les éléments d'une histoire	Le style
un roman une autobiographie une biographie un roman policier un recueil de nouvelles une pièce de théâtre un classique un roman graphique une fiction un blog un roman d'amour un manga une BD	un narrateur la narratrice le personnage le protagoniste le dénouement l'intrigue	le ton le registre le style la façon de décrire les images les métaphores le choix des mots le rythme la structure la longueur des phrases l'interprétation

Reading 4, page 17

Students listen to and read the two extracts on page 16 about the novel *La place* by Annie Ernaux. Then, students respond to the questions and justify their responses.

CD 1 Track 13

En 1939 il n'a pas été appelé, trop vieux déjà. Les raffineries ont été incendiées par

les Allemands et il est parti à bicyclette sur les routes tandis qu'elle profitait d'une place dans une voiture, elle était enceinte de six mois. À Pont-Audemer, il a reçu des éclats d'obus au visage et il s'est fait soigner dans la seule pharmacie ouverte. Les bombardements continuaient. Il a retrouvé sa belle-mère et ses belles-sœurs avec leurs enfants et des paquets sur les marches de la basilique de Lisieux, noire de réfugiés ainsi que l'esplanade par-devant. Ils croyaient être protégés.

Quand je faisais mes devoirs sur la table de la cuisine, le soir, il feuilletait mes livres surtout l'histoire, la géographie les sciences. Il aimait que je lui pose des colles. Un jour, il a exigé que je lui fasse faire une dictée, pour me prouver qu'il avait une bonne orthographe. Il ne savait jamais dans quelle classe j'étais, il disait, «Elle est chez mademoiselle Untel». L'école, une institution religieuse voulue par ma mère, était pour lui un univers terrible qui, comme l'île de Laputa dans *Les Voyages de Gulliver*, flottait au dessus de moi pour diriger mes manières, tous mes gestes: «C'est du beau! Si la maîtresse te voyait!»
Annie Ernaux, *La Place* © Éditions Gallimard

Answers:

1 **b** (Il ne savait jamais dans quelle classe j'étais, il disait, «Elle est chez mademoiselle Untel».)
2 **b** (La narratrice, qui n'est autre que l'auteure)
3 **c** (use of *il* … (son père))
4 **b** (En 1939 il n'a pas été appelé…) c (Quand je faisais mes devoirs …, L'école, une institution religieuse voulue par ma mère …), g (use of the imperfect tense – what used to happen when her father was still alive), h (… diriger mes manières, tous mes gestes …), i Un jour, il a exigé que je lui fasse faire une dictée, pour me prouver qu'il avait une bonne orthographe.
5 **a** (elle parle simplement des faits; ce qu'il est arrivé)
6 **d**

Speaking 5, page 17

In pairs, students ask each other questions 1–7. Students should use the extracts on page 16 to assist in answering the questions about the main character.

Alert students to the advice panel which encourages them to make detailed notes on key themes when studying a text or play.

Reading 6, page 17

Students read the synopsis about the novel 'La place' and fill in the blanks with the words provided. Alert them to the fact that there are two red herrings.

Answers:

Annie Ernaux veut parler de la déchirure sociale à travers une (1) **autobiographie** qui dépasse l'anecdote personnelle et refuse la complaisance de la (2) **fiction**. *La place* est un livre court et tranchant qui (3) **explore** un univers familier: l'histoire de son (4) **père**, paysan, ouvrier, patron d'épicerie dans une petite ville de province. Soixante-deux ans de la vie d'un homme en cent quatorze pages, (5) **cliniques** et intimes à la fois.

La décision ferme d'un écrivain qui décline la tentation du (6) **romanesque** et l'affirme dès la première page de son récit.

Reading 7, page 17

Refer students to the *Grammaire* panel which summarises when to use the perfect and imperfect tenses. For extra revision of these tenses, use the Grammar Practice book for ideas.

Answers:

page 48:
il n'a pas été appelé
Les raffineries ont été incendiées
il est parti
elle profitait
elle était
il a reçu
il s'est fait soigner
Les bombardements continuaient
Il a retrouvé
Ils croyaient

page 73:
je faisais
il feuilletait
Il aimait
il a exigé
il avait
Il ne savait jamais
j'étais
il disait
L'école était
flottait
Si la maîtresse (te) voyait!

Writing 8, page 17

As a reinforcement exercise, students translate the passage into French using the perfect and imperfect tenses accurately. Ask students to underline the perfect tense in one colour and the imperfect tense in another to make it clear when they come to revise these tenses.

Answers:

Loïc: Quand je faisais mes devoirs de maths, ma mère m'aidait en proposant une différente approche de temps à autre. Un jour nous sommes allés voir une exposition d'art ensemble. Elle a voulu me montrer qu'elle aussi appréciait les beaux-arts.

Writing 9, page 17

Students take part in a class writing competition. Their task is to create a fictional character and write 150 words to describe him/her, imitating the writing style of Annie Ernaux.

Plenary

Ask students to read aloud their character descriptions from task 9. Then ask students to vote for the best description. Students must justify their reason for voting for their favourite character description and the student with the most votes wins.

 Module 1, Activity 3 ▶ Littérature ▶ Mon livre préféré

6 En scène!
(Student's Book pages 18–19)

Objectives

ⓣ Talk about the theatre

ⓖ Relative pronouns

ⓢ Study a play or a scene from a play; link ideas.

Starter

Challenge students to brainstorm as many words as possible in three minutes about *Le Théâtre*: they may use a dictionary to assist them, e.g. *l'acteur, l'actrice, le metteur en scène, le décorateur, les dramaturges, la scène, le plateau, le rideau, les spectacles, le personnage, le héros, la comédie, la tragédie* etc.

Listening 1, page 18

Students listen to the five extracts about the theatre and fill in the table as set out in the Student's Book.

CD 1 Track 14

1
La tragédie classique française s'inspire de l'antiquité. Les tragédies sont des pièces en cinq actes versifiés. Dans les tragédies, il y a toujours un conflit et une fin tragique. Racine et Corneille comptent parmi les principaux dramaturges du dix-septième siècle.

2
C'est Molière qui a vraiment développé le genre de la comédie en France au dix-septième siècle. Molière était impitoyable. Dans *Tartuffe* il démasque un faux dévot. Dans *Le Bourgeois Gentilhomme* Monsieur Jourdain est inoubliable. Ses comédies sont des pièces en cinq actes. La langue de la comédie se rapproche de la langue parlée. En général, les bons sont récompensés et les ridicules échouent …

3
Au dix-huitième siècle, Beaumarchais nous offre des satires sociales et politiques. Il crée le personnage de Figaro, un valet qui conteste le pouvoir de son maître et qui remet donc en question l'ordre de la société. Beaumarchais a dû faire beaucoup de modifications à cause de la censure à l'époque. Il a tendance à ne pas suivre les règles.

4
Au dix-neuvième siècle, Victor Hugo a développé le drame romantique en France.

Il a rejeté les notions classiques des trois unités. Toutes les œuvres ne sont pas versifiées et on y trouve souvent un mélange de sublime et de grotesque.

Le personnage principal est souvent historique. Il doit être supérieur et incompris …

Alfred de Musset et Alfred de Vigny ont aussi écrit ce genre d'œuvres.

5
Au vingtième siècle, les dramaturges veulent créer quelque chose de nouveau. Ils veulent aussi considérer la condition humaine dans leurs œuvres. Ils rejettent donc les règles classiques ou du moins ils veulent les interpréter autrement, Anouilh et Giraudoux, par exemple. Ces dramaturges utilisent le langage de tous les jours pour s'exprimer.

Answers:

	genre	caractéristiques	époque	dramaturges
1	la tragédie classique	- s'inspire de l'antiquité - pièces en cinq actes, versifiés - il y a toujours un conflit et une fin tragique	17ème	Racine Corneille
2	la comédie	- pièces en cinq actes - la langue de la comédie se rapproche de la langue parlée - les bons sont récompensés - les ridicules échouent	17ème	Molière
3	la satire sociale et politique	- critique la société - remet en question l'ordre social - ne suit pas les règles	18ème	Beaumarchais
4	drame romantique	- rejette les notions classiques des trois unités - mélange de sublime et de grotesque - personnage principal est souvent historique, supérieur et incompris	19ème	Victor Hugo Alfred de Musset Alfred de Vigny
5	(la condition humaine)	- rejette les règles - utilise le langage de tous les jours - examine la condition humaine	20ème	Giraudoux Anouilh

Listening 2, page 18

Draw students' attention to the cover of *Rhinocéros* – one of Eugène Ionesco's celebrated works. Then, ask students to listen attentively to the recording and fill in the gaps.

CD 1 Track 15

Eugène Ionesco est né en Roumanie, mais élevé à Paris. Il était l'un des pères d'une nouvelle sorte de théâtre, le théâtre de (1) **l'absurde**.

Le théâtre de l'absurde n'avait aucun rapport avec les (2) **genres** plus classiques tels que le drame et la (3) **comédie**. Il a bouleversé les (4) **conventions** traditionnelles. Il traite de l'absurdité de l'homme et de la vie en général. Il met en question la (5) **condition** humaine surtout après les deux guerres mondiales. Les situations présentées sont absurdes.

Ionesco a publié *Rhinocéros* en 1960. La pièce (6) **met en scène** une étrange épidémie, la «rhinocérite», par laquelle des villageois, coupables d'égoïsme, de violence, de vanité, d'hypocrisie, d'ambition, de discours vides etc., se métamorphosent en rhinocéros. Cette (7) **métamorphose** n'est en fait rien d'autre que la figure métaphorique de la fièvre (8) **fasciste** qui a parcouru l'Europe des années trente.

Reading 3, page 18

Ask students to read the summaries of the three acts from the play *Rhinocéros* by Eugène Ionesco. Students then copy and complete the six phrases started in exercise 3.

Answers:

1 Bérenger travaille dans un bureau.
2 Jean est un ami de Bérenger
3 Bérenger n'arrive pas à avouer à Daisy qu'il est amoureux d'elle.
4 De plus en plus de personnes se métamorphosent en rhinocéros.
5 Bérenger souhaite résister à l'épidémie et convaincre Daisy de ne pas rejoindre les rhinocéros.
6 Mais Daisy va les rejoindre quand même / laisse Bérenger tout seul / ne s'est pas laissée convaincre.

Reading 4, page 18

As a grammar reinforcement exercise, students find all the relative pronouns in the summaries of the three acts. They then copy out phrases which contain a relative pronoun and translate them into English. Remind students that they are expected to use and understand relative pronouns at A Level.

Answers:

Acte I
Bérenger aperçoit Daisy **dont** il est amoureux, mais il est trop timide pour le lui dire.
Bérenger notices Daisy who he is in love with, but is too shy to tell her.
Apparaît alors un second rhinocéros **qui** écrase le chat de la ménagère.
Then a second rhinoceros appears which crushes the housewife's cat.

Acte II
Le lendemain matin, dans le bureau **où** travaille Bérenger, sont présents Daisy, Botard, Dudard et Monsieur Papillon.
The next morning in the office where Bérenger works, the following are present…
Soudain apparaît Madame Bœuf pourchassée par un rhinocéros **en lequel** elle a reconnu son mari.
Suddenly Madame Bœuf appears, pursued by a rhinoceros in whom she has recognised her husband.

Acte III
Bérenger est malade. Il veut résister à l'épidémie **qui** transforme les gens en rhinocéros.
He wants to resist the epidemic which is turning people into rhinoceroses.

Writing 5, page 19

Before starting exercise 5, focus students' attention on the *Grammaire* panel on page 19 which highlights the use and formation of the relative pronoun *lequel*. Students fill in the gaps with the appropriate relative pronoun making sure that it agrees in gender and number with the noun being replaced.

Answers:

1 **Laquelle** des scènes préférez-vous?
2 **Lequel** de ces deux acteurs aimez-vous le mieux?
3 – Aimez-vous ces vers?
   – **Lesquels?**
4 – Toutes ces règles doivent-t-elles changer?
   – **Lesquelles?**
5 J'adore la scène **dans laquelle** les personnages principaux font connaissance.
6 C'est une pièce **pour laquelle** il a reçu le Molière du meilleur comédien.
7 Il a dédié sa pièce à sa femme et sa fille **sans lesquelles** il n'aurait pas pu écrire.
8 Les comédiens **auxquels** il pense pour ces rôles sont formidables.

Speaking 6, page 19

Students listen to and read the scene in *Rhinocéros*. Then, in pairs they answer the questions according to how they interpret the scene.

 CD 1 Track 16

Le Logicien: Mais qu'est-ce que c'est?
Jean [*se lève, fait tomber sa chaise en se levant, regarde vers la coulisse gauche d'où proviennent les bruits d'un rhinocéros passant en sens inverse.*]: Oh! Un rhinocéros!
Le Logicien [*se lève, fait tomber sa chaise.*]: Oh! Un rhinocéros!
Le Vieux Monsieur [*même jeu.*]: Oh! Un rhinocéros!

Bérenger [*toujours assis, mais plus réveillé cette fois.*]: Rhinocéros! En sens inverse.

La Serveuse [*sortant avec un plateau et des verres.*]: Qu'est-ce que c'est? Oh! Un rhinocéros!

[*Elle laisse tomber le plateau; les verres se brisent.*]

Le Patron [*sortant de la boutique.*]: Qu'est-ce que c'est?

La Serveuse [*au patron*]: Un rhinocéros!

Le Logicien: Un rhinocéros, à toute allure sur le trottoir d'en face!

L'Épicier [*sortant de la boutique*]: Oh! Un rhinocéros!

Jean: Oh! Un rhinocéros!

L'Épicière [*sortant la tête par la fenêtre au dessus de la boutique*]: Oh! Un rhinocéros!

Le Patron [*à la Serveuse*]: C'est pas une raison de casser les verres.

Jean: Il fonce droit devant lui, frôle les étalages.

Daisy [*venant de la gauche.*]: Oh! Un rhinocéros!

Bérenger [*apercevant Daisy.*]: Oh! Daisy!

[*On entend des pas précipités de gens qui fuient, des oh! des ah! comme tout à l'heure.*]

La Serveuse: Ça alors!

Le Patron [*à la Serveuse*]: Vous me la payerez la casse!

Eugène Ionesco, *Rhinocéros* © Éditions Gallimard

Answers:

1   dans un café
2   le logicien, Jean, le vieux monsieur, Bérenger, la serveuse, le patron, l'épicier, l'épicière, Daisy. Ils ont tous une réplique.

(Answers to questions 3–8 depend on the personal viewpoint of the students).

Writing 7, page 19

Students write 250–270 words expressing their point of view about the statement, 'Nowadays, the cinema attracts more people than the theatre'. Encourage students to plan and structure their argument and make use of the vocabulary listed.

Plenary

Split the class into three groups and ask them to prepare one of the three acts from the play *Rhinocéros*, summarised on page 18. Ask students to continue preparing their act for homework to present to the class in the next lesson. Students can be creative and decide on their own interpretation of the play. Presentations should last no longer than five minutes.

 Module 1, Activity 4 ▶ Art ▶ La culture française est-elle en déclin?

7 Les beaux-arts
(Student's Book pages 20–21)

Objectives

t Talk about artists and their work

g Interrogative pronouns

s Comment on a work of art; express and justify your opinion

Starter

Bring in a picture of one of Picasso's paintings and ask students to give their impressions of it. You may want to provide some useful vocabulary in expressing opinions about art to assist your students.

Speaking 1, page 20

In pairs, students answer the quiz questions. Go through the answers and see who has the best general knowledge when it comes to *Les beaux-arts*.

Answers:

1 a, 2 a, 3 b, 4 b, 5 c, 6 b

Listening 2, page 20

Refer students to the advice panel which stresses the importance of reading a text before carrying out the listening activity in order to focus on key content. Students then listen to how Noémie appreciates different works of art, putting the sentences into the correct order.

 CD 1 Track 17

Nous voilà au musée d'Orsay … Noémie, toi qui aimes beaucoup les arts plastiques, explique-nous, comment est-ce qu'on s'y prend quand on veut comprendre l'œuvre d'un artiste?

En visitant un musée, on voit des dizaines et des dizaines de tableaux. Tous ont quelque chose d'intéressant; c'est dur de tout voir!
Tiens, en voila un:
Je le remarque d'abord de loin.
J'identifie vaguement le sujet.
Je m'approche pour le regarder de plus près …
Je m'attarde … regarde attentivement le tableau et laisse venir mes impressions.
Il y a des choses qui me touchent là-dedans.
Un peintre a passé des heures à composer le tableau avec une idée derrière la tête. Je me renseigne sur l'artiste.
J'essaie d'en apprendre un peu plus sur une époque de l'histoire de l'art.
Ajouter de la connaissance à l'émotion du regard, cela fait partie du plaisir d'une visite au musée.

> On y trouve des infos, des panneaux qui expliquent, etc.
> Je rêvasse. Et je me déplace. Tour à tour je m'approche, je prends du recul, je me fige. J'essaie d'imaginer la même peinture avec ou sans certains éléments. Je joue avec le tableau …

Answers:

4   J'identifie vaguement le sujet.
7   Je m'approche pour le regarder de plus près …
1   Je regarde attentivement le tableau.
5   Je laisse venir mes impressions.
3   Je me renseigne sur l'artiste.
6   J'essaie d'apprendre un peu plus sur une époque de l'histoire de l'art.
8   Je m'approche, je prends du recul, je me fige.
2   J'essaie d'imaginer la même peinture avec ou sans certains éléments.

Speaking 3, page 20

In pairs students discuss whether they look at works of art in the same way as Noémie.

Reading 4, page 20

Students read the text about the controversial work of art *La Fontaine* by Duchamp and give a personal response to the questions posed.

Note: After this task, ask students to read the advice panel on page 21 which highlights what they should research about an artist and their work.

Speaking 5, page 21

In pairs students focus on one of the famous paintings by Roger de la Fresnaye and take it in turns to ask and answer the questions. Encourage students to use the vocabulary listed.

Writing 6, page 21

Go through the *Grammaire* panel which highlights the use and formation of interrogative pronouns. Then, students write questions that correspond with the responses in exercise 6 using an interrogative pronoun. For extra practice, you may want students to work through the section on interrogative pronouns in the Grammar Practice book.

Answers:

1   Que recherche Sonia Delaunay?
2   Qu'est-ce qu'elle peint?
3   Qu'a-t-elle aussi fabriqué?
4   Avec qui se marie-t-elle début 1909?
5   Grâce à qui a-t-elle publié un poème-affiche?
6   De qui se serait-elle inspirée au début de sa carrière?

Writing 7, page 21

Read out the statement to students translated as 'The State wastes its money financing artistic activities' and ask for some initial feedback. Then ask students to write around 250 words in French expressing their point of view. Remind them to plan and structure their argument and use a range of connectives learnt in the previous unit.

Plenary

Ask students to bring in a picture of a controversial piece of art to present to the rest of the class. They should give a one-minute presentation about their piece of art and the artist.

 Module 1, Activity 5 ▶ Art ▶ Le Louvre à Abu Dhabi

8 Lyon, ville lumière
(Student's Book, pages 22–23)

Objectives

t   Talk about a town

g   The future tense

s   Evaluate different factors

Starter

Ask students to copy the headings: *avantages de la ville / inconvénients de la ville*. Their task is to write down as many opposite pairs of positive and negative adjectives in three minutes. You could give them some examples, e.g. *calme →bruyant, animé → ennuyeux, propre → sale / pollué*.

Reading 1, page 22

Ask students to read the text about Géoportail and fill in the blanks with the words provided.

Answers:

Géoportail te propose de voir la France en trois (1) **dimensions**. À toi d'explorer les plaines, les montagnes, mais aussi les villes et leurs (2) **bâtiments**.

En 2006, l'Institut Géographique National (IGN) mettait à la disposition des (3) **internautes**, toute la France en photos (4) **aériennes** et en cartes sur son site Internet: Géoportail. Un an plus tard, le Géoportail de l'IGN change et te propose une exploration en trois dimensions de la France. Toi, tu connais peut-être les sites *Google Earth* ou *Google Maps*, qui te proposent des (5) **images** haute définition des grandes villes. Sur www.geoportail.fr, tu peux faire le tour des montagnes, plonger dans les (6) **lacs**, voler au-dessus des villes … Le site donne accès aux cartes en 3D, ainsi qu'à plus de 15 millions de bâtiments. Et bientôt, tu pourras même voir de près les façades et les (7) **toits** des villes.

Listening 2, page 22

Before listening to the report about Lyon, encourage students to become familiar with the words and figures in the yellow box. Listen to the recording and then ask students to explain in English the significance of these words and figures.

CD 1 Track 18

- Alors, on va visiter Lyon? Il y a pas mal de choses à voir, j'en suis sûr. C'est une grande ville non?
- Ouais, il y a 466 000 habitants. C'est la 3ème ville de France, après Paris et Marseille.
- Ah bon, je savais pas … Et le Rhône et la Saône? … Le Rhône est un fleuve et la Saône une rivière, n'est-ce pas?
- Exactement. La Saône se jette dans le Rhône à Lyon … Tu sais dans quel département se trouve Lyon?
- Dans le 69, c'est le numéro du département du Rhône.
- Ah bizarre … je croyais que 69 c'était Rhône-Alpes?
- Mais non Rhône-Alpes c'est pas le département, Rhône-Alpes c'est la région, et Lyon en est la capitale.
- Tu sais ce que c'est les bouchons et les mâchons?
- Les bouchons … il me semble que c'est comme un bar à vin mais typique de Lyon. Il y en a partout dans le centre, et dans les bouchons, on trouve … les mâchons. Dans mon guide, ils disent … que … c'est un plat de cochonnailles, un plateau de fromage et un pichet de vin rouge. À neuf heures du matin, ah ça doit bien te caler pour commencer la journée!! Tu te rends compte! Et après on remange à midi! Incroyable!
- Je suis végétarienne, alors non merci! Fourvière, le Vieux Lyon, La Presqu'île, La Croix-Rousse, ce sont des quartiers qu'on va visiter, non?
- C'est ça.
- Et c'est quoi ce nom un peu bizarre, là en bas de la page … Lugdu … Lugdunum.
- Ça doit être le nom latin de Lyon. C'était la capitale de l'ancienne Gaule.
- Et traboule, c'est quoi?
- C'est intéressant ça. J'ai vu un reportage sur

les traboules l'autre jour à la télé. Alors les traboules, ce sont des couloirs qui traversent plusieurs maisons. Les Canuts, c'était les ouvriers tisserands, ceux qui travaillaient la soie, ils passaient d'une maison à l'autre à travers ces traboules. Apparemment elles ont servi pendant la Résistance. Lyon, d'ailleurs, possède le titre de capitale de la Résistance.
- Et Guignol, pourquoi as-tu noté ça?
- Parce que cette marionnette a été inventée à Lyon vers 1808.
- On m'a dit qu'il faut surtout aller à Fourvière. Ils disent quoi sur Fourvière?
- Alors … blablabla … En 1896 on a construit la basilique qui domine Fourvière. En 1998, Lyon a été inscrite au patrimoine de l'humanité par l'Unesco.
- Ça doit être une très belle ville alors! Je suis impatiente … Et finalement, les frères Lumière, c'est quoi leur connexion avec la ville?
- En bien, c'est à Lyon que les frères Lumière, qui ont inventé le Cinématographe, le cinéma quoi, c'est là qu'ils ont tourné *La sortie des usines Lumière*, le premier film documentaire de l'histoire du cinéma.

Answers:

1 Fourvière, le Vieux Lyon, La Presqu'île, La Croix-Rousse = four *quartiers*
2 Guignol = puppet
3 466 000 = number of inhabitants of Lyon
4 69 = number of the Rhône department
5 Le Rhône, La Saône = rivers
6 1896 = construction of the basilica
1998 = Lyon named as world heritage site
7 Traboule = passageway crossing several houses, used originally by silk workers and more recently by members of the Resistance
Lugdunum = Latin name for Lyon
Les canuts = silk workers
8 Bouchons = bars, restaurants,
Mâchons = a lyonnais tradition; a plate with pork delicacies followed by cheese and a glass of red wine
9 Rhône-Alpes = region, Lyon is the capital of this region
10 Les frères Lumière = invented cinema, made the first documentary film

Listening 3, page 22

Draw students' attention to the advice panel at the bottom of page 22 which stresses the importance of listening right to the end of what a person is saying. This is extremely important for listening exercises such as this, which are common in A2 French examinations. Students listen to the interviews of three French people who are speaking about Lyon and, for each phrase, write down the appropriate initial to indicate who is talking.

CD 1 Track 19

Fred
À Lyon on a tout. On a les plus belles montagnes au pas de notre porte: le Massif central, les Alpes … Avec le superbe parc de la Tête d'Or, la nature n'est jamais loin, même du centre-ville. Au point de vue économique Lyon reste une des villes de Province les plus dynamiques. La fac de Lyon a une bonne réputation, on est à la pointe de la recherche et de la technologie. Mais Lyon c'est aussi une ville qui a su conserver son patrimoine, préserver son héritage du Moyen Âge et de la Renaissance entre autre. Et puis j'oubliais, au niveau des activités culturelles, nous sommes très gâtés: plein de musées, de nombreuses manifestations culturelles comme la fête des Lumières ou le festival du cinéma.

Véronique
Ce que j'aime le plus à Lyon, c'est sa situation de carrefour. Elle se situe tout près de l'Italie et surtout de la Suisse. J'apprécie la propreté de la ville, ses espaces verts … euh quoi d'autre? Le mode de vie urbain à la lyonnaise, la culture populaire et en plus Lyon est très bien desservie, il y a d'excellents transports en commun. En fait, Lyon c'est comme un ensemble de villages au sein de la ville … C'est ce qui donne une identité bien spécifique à chaque quartier et c'est ce qui fait que bien que ce soit la troisième plus grande ville de France, Lyon reste une ville à taille humaine.

Sébastien
Lyon est bien connue pour sa gastronomie et pour son club de foot, bien sûr. Mais malheureusement Lyon est aussi célèbre pour ses blocs de béton des années 70. Et puis … comment dire … ses «déjections canines»! Je n'ai jamais vu autant de crottes de chien de ma vie! Plus sérieusement, côté désavantage de la ville Lumière, et bien il y a d'énormes problèmes de circulation, des kilomètres mais surtout des heures de bouchon! C'est un gros désavantage vraiment, surtout si tu habites en banlieue. D'ailleurs, vu que les banlieues sont coupées du centre, les bouchons ça n'arrange pas les choses. Ça ne fait que renforcer l'image de ghetto de la banlieue, et je trouve ça vraiment dommage.

Answers:

1 Qui prétend qu'il y a beaucoup d'embouteillages à Lyon? S
2 Qui constate qu'il y a un réseau de transport impressionnant à Lyon? V
3 Qui apprécie l'université de Lyon? F
4 Qui s'intéresse à l'économie de la région? F
5 Qui trouve que la ville est bien entretenue? V
6 Qui déplore la saleté de certaines rues? S
7 Pour qui la ville de Lyon est-elle bien située? V
8 Qui estime que les banlieues sont marginalisées? S
9 Qui fait référence à l'histoire de Lyon? F

Reading 4, page 23

Students read the text about Lyon's rich cultural heritage and then fill in the grid with four important facts and their causes and consequences.

Answers:

Faits (quoi?)	Causes (pourquoi?)	Conséquences (Et donc? Quel impact?)
Lyon = centre du commerce de la soie	en 1536 François 1er autorise l'industrie de la soie et accorde à Lyon le monopole des importations de matière première	cela a contribué à l'essor de Lyon / Lyon est devenu le centre le plus important du commerce de la soie
On peut encore voir une influence italienne dans le vieux Lyon	l'industrie de la soie était financée par des banquiers italiens qui vivaient sur les rives de la Saône	les Italiens ont notamment influencé l'architecture des bords de Saône
La France produit de la matière première pour l'industrie de la soie	en 1604 le roi Henri IV décide de planter des mûriers et d'élever le ver à soie dans la vallée du Rhône	la France produit en partie la soie dont elle a besoin
L'industrie de la soie se développe dans plusieurs pays d'Europe	la Révocation de l'Edit de Nantes en 1685 fait fuir les Huguenots/ tisserands/ouvriers en Allemagne, en Suisse et aux Pays-Bas	les ouvriers font bénéficier d'autres pays de leur savoir et ces pays concurrencent la France

Writing 5, page 23

Students rewrite the facts, causes and consequences from exercise 4 following the formula set out in the Student's Book. Draw their attention to the advice panel which will help them.

Writing 6, page 23

On the board, revise formation of the *futur simple* and revise common irregulars, e.g. aller→ j'irai, être → je serai, faire → je ferai, avoir → j'aurai etc. Then focus on the *Grammaire* panel which highlights when the future should be used after specific conjunctions and ask students to transform the words in brackets into the future tense.

Answers:

Comment la ville de Lyon (1) **évoluera**-t-elle à l'avenir? On (2) **sera** bientôt en mesure d'évaluer réellement les bénéfices des bicyclettes Vélo'V. Lyon semble avoir pris la bonne décision en les mettant en libre location. À l'avenir, c'est tout le réseau cyclable que la ville (3) **réaménagera**. La ville (4) **financera** également des axes sécurisés, réservés cette fois aux rollerbladers. Elle (5) n'**oubliera** pas les piétons, pour qui on (6) **créera** plus d'espaces verts. Lyon (7) **continuera** son essor économique, mais pour cela il (8) **faudra** trouver une solution pour rattacher les banlieues à la ville. Cela (9) **demandera** beaucoup de travail et (10) **prendra** certainement un peu de temps. La Presqu'île (11) **sera** réaménagée tant en terme d'emplois que de loisirs. Un plus grand nombre d'entreprises (12) **viendra** s'implanter et la ville (13) **fera** d'importants investissements culturels avec une revalorisation de son histoire du textile.

Writing 7, page 23

Students read the paragraph about Lyon and translate it into French.

Answers:

Le commerce de la soie a joué un rôle important dans l'histoire de Lyon. Lyon a préservé / conservé / protégé son héritage du Moyen Âge et de la Renaissance. Son architecture est splendide. Cependant / En revanche / Par contre, certaines personnes / certains n'aiment pas le béton des années soixante-dix. La ville de Lyon a / dispose d'un excellent réseau de transports publics / d'un réseau de transports en commun excellent, et est en plein essor. Lorsque la Presqu'île sera réaménagée, ce sera fantastique. Dès qu'il y aura des pistes cyclables, tout le monde achètera un vélo!

Speaking 8, page 23

Before starting this speaking exercise, highlight the advice in the *à l'examen* panel which encourages students to analyse and evaluate by mentioning

causes and consequences rather than offering a solely descriptive account. Students then prepare a two-minute presentation about a Francophone town of their choice and include the points listed.

Plenary

Students write 200 words about their town and include the same points listed for exercise 8.

 Module 1, Activity 6 ▶ Environnement ▶ Abidjan, la poubelle du monde?

9 Conserver le passé, bâtir le présent, construire l'avenir
(Student's Book pages 24–25)

Objectives

t Talk about architecture

g This and that

s Use vocabulary learned so far

Starter

Prepare five true and five false statements about famous landmarks in France and test students' general knowledge.

e.g: True statement: *La Tour Eiffel pèse 10 100 tonnes de charpente métallique.* False statement: *La cathédrale de Notre-Dame est située au centre de Lyon.*

Speaking 1, page 24

In pairs students study the images of the buildings labelled a–e and comment on what they think they represent and their purpose.

Answers:

a   un parking
le parc de stationnement des Célestins
architecte: Michel Targe
réalisé en 1994 et 1995 avec 470 places de stationnement
dans le fond est placé un miroir réalisé par Daniel Buren.
pour se garer

b   une église
Couvent de la Tourette
architecte: Le Corbusier
1958
pour célébrer un culte

c   la tour rose
hôtel

monument historique
séjourner

d la fresque des Lyonnais
   mur qui représente 25 personnages historiques
   lyonnais, comme par exemple la poétesse Louise
   Labbé, le chef Paul Bocuse, l'abbé Pierre, l'écrivain
   Antoine de St Exupéry, le réalisateur Bertrand
   Tavernier. 2 000 ans d'histoire peints sur 800 m².
   œuvre réalisée par la Cité de la Création en
   1994/95

e l'Opéra de Lyon
   reconstruit par Jean Nouvel en 1993
   regarder les spectacles, assister à un opéra

Reading 2, page 24

Ask students to read the comments of five different
individuals speaking about the role of an architect.
They then read opinions 1–8 and decide who
expresses each opinion.

Answers:

1 Jean-Louis
2 José
3 Tania
4 Samir
5 Jean-Louis
6 Ludivine
7 Jean-Louis
8 Ludivine

Module 1, Activity 7 ▶ Environnement ▶ Lausanne, la
ville la plus verte de Suisse?

Listening 3, page 24

Focus students' attention on the pictures of the four
buildings. Explain that they will listen to descriptions
of three of these buildings. They note down which
building is being described each time. One of the four
buildings won't be described. Then ask students to
listen to the recording one more time and take notes
in English about the intentions of each architect.

CD 1 Track 20

1
L'idée principale était d'accueillir les objets
avant de les exhiber … C'était de créer un
territoire qui soit initiatique … de traverser un
jardin d'abord et de découvrir à travers ce jardin
un bâtiment qu'on ne voit pas de l'extérieur
pratiquement, et d'arriver dans un lieu dans
lequel il y a des expositions temporaires, de
différentes choses. Puis de prendre une rampe
sur laquelle un ou une artiste nous amène dans
d'autres mondes. Et d'arriver dans un lieu
improbable, incertain et ce lieu, bon ben, c'est,
en fait, un lieu protégé. C'est la volonté de faire

dialoguer ces objets entre eux qui a généré une
architecture comme celle-ci. Et cette architecture,
elle ne peut pas ressembler à n'importe quel
bâtiment de bureaux de Paris. Il fallait qu'on
comprenne à travers ses couleurs, ou à travers ses
formes qu'il a été voué à un art qui n'est pas un
art occidental, mais un art qui vient d'ailleurs …
c'est ça, le Musée du Quai Branly.

2
L'architecture dépolluante par Vincent
Callebaut. Anti-smog, c'est le nom de ce projet
futuriste destiné à être implanté dans le 19ème
arrondissement de Paris au niveau du canal
de l'Ourcq. Il serait un équipement public
dépolluant dédié à promouvoir les dernières
innovations sur le thème du développement
durable en zone urbaine.

3
Inauguré le 14 octobre 1952 «l'unité d'habitation
verticale» à Marseille, la Cité Radieuse, devait
être le prototype d'un nouveau type d'habitat
social. Le Corbusier voulait: «Fournir dans le
silence, la solitude et face au soleil, à l'espace,
à la verdure, un logis qui soit le réceptacle
parfait d'une famille». Dans l'immeuble, il
y a 337 appartements avec terrasse. Chaque
appartement est unique. Sur le toit, piscine et
école maternelle. Les couloirs intérieurs sont
sombres, afin que les habitants n'y séjournent
pas pour discuter car cela serait bruyant.
Dans les étages: supermarché et commerces.
L'immeuble ressemble à un paquebot, avec sa
silhouette couronnée d'une grande cheminée
et la prédominance du bois. La réaction des
habitants a été, au début, plutôt hostile, face à
ce qu'ils considéraient comme des cages à lapin
en béton. Par contre, dans un article récent, le
journal *La Croix* publie l'interview d'une famille
qui y habite et qui déclare: «pour rien au monde,
désormais, nous ne quitterions ce village dans la
ville».

Answers:

1 d, 2 a, 3 b

Speaking 4, page 25

In pairs, students discuss their preferred buildings
mentioned in this unit and their personal thoughts
about the work of an architect. Encourage them to
use the vocabulary listed.

Reading 5, page 25

Students look at the *Grammaire* panel on page 25.
On the board go through examples of using *ce, ceci,
cela,* and *ça*. They then read the text and choose the
correct pronoun.

Answers:

Si on veut être architecte, il faut aimer réfléchir, dessiner et bâtir, (1) **ceci** est important. L'architecte, maître d'œuvre, est chargé des différentes phases de la conception et de la réalisation d'un ouvrage. Il intervient à tous les stades d'un projet : depuis la conception d'un bâtiment jusqu'à la réception des travaux.

L'architecte doit travailler avec de nombreuses contraintes d'exécution, réglementaires, techniques, de coûts et de délais. Pour (2) **ce** faire, il faut un élément de rigueur. Et parfois (3) **cela** peut être difficile. Il reste souvent peu de place pour le rêve. Pour être architecte, il est important d'avoir un sens artistique, (4) **c'est** essentiel. Il faut aussi être méthodique et bien observer les choses.

Writing 6, page 25

Students translate the first paragraph of the text in exercise 5 into English.

Answer:

If you want to be an architect, you have to like reflecting, designing and building. This is important. The head architect is charged with the different phases of conception and execution of a piece of work. He intervenes at all stages of a project: from the conception of a building until its completion.

Reading 7, page 25

Before starting this activity, students should take note of the advice panel which highlights the importance of noting down and learning new key words and phrases. They then read the text about Jean Nouvel, taking note of any new key words, and respond to the questions in English.

Answers:

1   World-renowned architect. The Arab World Institute, museums, opera houses – public spaces
2   it will help his credibility
3   He feels they are similar, like clones on different continents.
4   generic architecture – there would be increasing uniformity, no variety

Writing 8, page 25

Students read the statement, 'It's architects who will resolve problems in cities in France,' and write 250–270 words saying to what extent they agree with this statement. Remind students to offer a balanced argument and to justify their opinions. Encourage them also to use some of the useful vocabulary listed.

Speaking 9, page 25

Students prepare a one-minute presentation about a Francophone architect and include the points listed.

Plenary

As a class, students discuss their favourite topic covered throughout this module. Students should explain and justify their choice.

 Module 1, Activity 8 ▸ Environnement ▸ Portraits de la Suisse

Épreuve orale Module 1
(Student's Book pages 30–31)

Reading 1, p 30

Ask students to read the advice panels about choosing an interesting and controversial issue which will promote discussion for the speaking examination. Read the example about the Euro and then ask students to study the list of 15 statements and identify which ones would not be suitable for the speaking exam, justifying their reasons.

Answers:

1   sujet trop limité
2   bon sujet à débattre
3   sujet trop spécifique
4   bon sujet à débattre
5   impossible de justifier le contraire
6   Impossible à débattre. L'euro existe déjà, ça marche bien pour certains pays. C'est comme si on disait «Je suis contre le dollar ou la livre».
7   C'est un sujet controversé, un bon sujet de débat. Il existe des arguments pour et des arguments contre. C'est une question sur laquelle on peut échanger des points de vue différents.
8   sujet trop spécialisé
9   impossible à débattre
10 bon sujet
11 opinion personnelle limitée
12 difficile de trouver des arguments contre
13 bon sujet
14 sujet trop spécifique
15 bon sujet

Listening 2, page 31

Ask students to listen to a broadcast about nuclear energy in France. They then note down all the relevant vocabulary and information they could reuse during a debate about this topic. You could give students a photocopy of the transcript to reinforce new vocabulary and play the recording one more time allowing students to complete or double check their work.

Extension exercise

As an extension activity, students could work in pairs to discuss what further research they would need to do if they were to discuss this topic for their oral exam e.g. vocab: nuage de Tchernobyl 1986 and examples of recent accidents, e.g. Tricastin Sept. 2008 etc.

CD 1 Track 21

L'énergie nucléaire en France

La première centrale nucléaire en France a été construite en 1956. Mais c'est à partir du choc pétrolier des années 70 que le nucléaire commence à occuper une place importante dans le secteur énergétique français. Récemment, le gouvernement français a confirmé le maintien du nucléaire comme principale source d'électricité. Il encourage la diversification des méthodes de production de l'électricité. Il souhaite utiliser des énergies renouvelables mais aussi des énergies plus sûres comme le charbon, le pétrole et le gaz. En France en 2006, 78,4% de l'électricité était d'origine nucléaire.

Le parc nucléaire français compte 58 réacteurs. La durée de vie d'un tiers des centrales actuellement en fonctionnement arrivera à échéance vers 2020. En prévision du renouvellement du parc nucléaire, la France se prépare à déployer des réacteurs de nouvelle génération qui répondent à des exigences de compétitivité économique, de protection de l'environnement et de sûreté renforcées.

Le choix du nucléaire est motivé par plusieurs raisons: un, il permet à la France d'assurer son indépendance énergétique (la France importe moins de 50% de ses ressources énergétiques), deux, la protection de l'environnement (la France est l'un des pays d'Europe qui émet le moins de gaz à effet de serre) et trois, un prix compétitif et stable.

Reste la question des déchets radioactifs. Ceux-ci sont classés en fonction de leur intensité radioactive et de leur période de radioactivité. Les 58 réacteurs présents en France produisent 1kg de déchets radioactifs par habitant et par an. Les déchets nucléaires sont traités selon leur catégorie dans des conditions de sûreté et de radioprotection.

Speaking 3, page 31

Ask students to work in pairs and discuss what they know about the issues listed and what they should aim to find out. They should fill in the grid with the information set out as in the example.

Answers (listening 2):

Vocabulaire	Informations
une centrale le choc pétrolier le secteur énergétique encourager le maintien une source d'électricité des énergies renouvelables l'approvisionnement électrique le pétrole, le gaz, le charbon d'origine (nucléaire) le parc nucléaire un réacteur la compétitivité la protection de l'environnement la sûreté le choix motivé par plusieurs raisons assurer son indépendance énergétique importer les ressources énergétiques émettre des gaz à effet de serre produire des déchets radioactifs la radioactivité traiter les déchets	1ère centrale: 1956
	Le nucléaire est important depuis le choc pétrolier des années 70
	nucléaire comme principale source d'électricité
	le gouvernement encourage la diversification des sources d'énergie: énergies renouvelables, pétrole, gaz, charbon
	2006: 78,4% de l'électricité produite est d'origine nucléaire

Reading 4, page 31

Ask students to read the arguments for and against the topics of *La légalisation du cannabis* and *Le végétarisme*. Ask students to decide firstly which topic the argument is referring to and then decide whether these arguments are for *(pour)* or against *(contre)*.

Answers:

	POUR	CONTRE
Le végétarisme	4, 5, 11, 14, 19	2, 8, 10, 13, 18
La légalisation du cannabis	3, 6, 9, 15, 17	1, 7, 12, 16

Reading 5, page 31

Ask students to decide on their position in relation to the topics of either *La légalisation du cannabis* or *Le végétarisme* and list the arguments they agree with. Encourage students to look for information and examples which give more weight to their arguments. This is good advice for the speaking exam as students will have to use substantiated claims and be able to back them up with facts or figures.

Épreuve écrite, Module 1
(Student's Book pages 32–33)

Reading 1, page 32

Refer to the blue advice panel on page 32. Students are provided with information on the A2 writing paper and given examples for each of the three sections of the writing paper – the translation, the discursive or creative essay and the Research-Based Essay.

Ask students to study the list of topics and decide which ones they would choose to study for the Research-Based Essay. They should indicate to which category these subjects would belong, **A** – *Zone géographique*, **B** – *Étude historique*, **C** – *Aspects de la société francophone contemporaine* or **D** – *Littérature et arts*.

Answers:

1 too specialised, would not allow general historical study
2 not wide enough historical study
3 good, category **A**
4 good, category **D**
5 too narrow a geographical area to study
6 unlikely to allow a candidate to answer a range of questions in category **D**
7 good, as an aspect of contemporary society, category **C**
8 good, category **D**
9 too narrow, does not really fit any category
10 not francophone

Writing 2, page 33

Ask students to work in pairs and think of two questions for each of the categories (A–D) that could appear in the writing exam. This activity will encourage students to be prepared for the examiner to ask all kinds of questions related to their chosen topic. You could provide some of the examples below for extra support.

Possible answers:

A • De quelles façons a-t-on essayé de résoudre les principaux problèmes concernant l'environnement dans la région que vous avez étudiée?
  • Analysez les développements touristiques et commerciaux depuis 1980 dans la région que vous avez étudiée.
B • Racontez un événement significatif de la période que vous avez étudiée et évaluez l'importance de cet événement.
  • Décrivez le tournant pour la France dans la période que vous avez étudiée. Expliquez l'importance de ce tournant.
C • Décrivez un événement qui a eu lieu dans la société francophone contemporaine que vous avez étudiée et expliquez son importance.
  • Analysez les effets des changements technologiques sur la société française contemporaine.
D • Décrivez une scène de la pièce, du film ou du livre que vous avez choisi(e) et que vous trouvez particulièrement intéressante du point de vue du style adopté par l'auteur. À votre avis, ce style est-il adapté à la scène?

Speaking 3, page 33

Ask students to read the notes written by three different students about the population of Brittany. They then discuss with their partner who has written the most useful notes on this topic. Students should justify their opinion. This activity demonstrates how one should and should not prepare notes for the writing exam.

Answers:

1 Not suitable, in English, rather general.
2 The best, some good relevant detail, potential for further research.
3 Good on the overall topic but too general. Some irrelevant information on the question of population.

Reading 4, page 33

Ask students to read the opening paragraphs of two essays. Then ask the class to vote for which one they think is the best. Remind students that examiners will be expecting analytical and opinionated responses rather than descriptive accounts.

Finally ask students to think about what the essay question or title was that the candidates had to respond to for this written exercise.

Answers:

1   far too general an introduction
    question would have been something like *le film 'Le Fabuleux destin d'Amélie Poulain'*
2   a more promising introduction, seems to be concentrating on the specific question
    question would have been something like *'Comment était la vie des Français pendant l'Occupation?'*

Writing 5, page 33

Ask students to work in pairs and think of two questions for each of the categories (A–D) that the examiner could ask for the Research-Based Essay. This activity will encourage students to be prepared for all kinds of questions related to their chosen topic. You could then read through the advice panel which offers guidance on how students should approach the writing exam. Stress that it is vital that students read the question carefully.

Module 2 Questions de société, questions d'actualité

Objectives

Parler des rapports à l'argent	*Talk about people's attitudes to money*
Traiter de la précarité et des actions bénévoles	*Job insecurity and voluntary work*
Parler de la délinquance et de la criminalité	*Talk about juvenile delinquency and crime*
Comprendre les émeutes dans les banlieues	*Understand riots in city suburbs*
Parler de la France plurielle et de la discrimination	*Talk about multicultural France and discrimination*
Agir contre le racisme	*Act/Work against racism*
Parler d'immigration et d'intégration	*Talk about immigration and integration*
Parler de l'usage et du trafic de drogue	*Talk about drugs and drug trafficking*
Examiner la prison et les peines alternatives	*Examine prisons and alternative forms of penalty*

La négation	*Negatives*
Accorder les verbes et les adjectifs	*Adjectival agreements with verbs*
L'infinitif	*The infinitive*
L'accord du participe passé (avec *avoir* et *être*)	*Agreement of the past participle (with* avoir *and* être*)*
L'inversion dans le discours direct et après certains adverbes	*Inversion in direct speech and after certain adverbs*
Le futur antérieur	*The future perfect tense*
Mal ou *mauvais*?	*Mal or mauvais?*
Le plus-que-parfait	*The pluperfect tense*
Le conditionnel	*The conditional tense*

Présenter un point de vue	*Present a point of of view*
Traduire de l'anglais au français	*Translate from English into French*
Développer un argument	*Develop an argument*
Exprimer son accord	*Express agreement*
Donner une définition	*Provide a definition*
Être sûr de soi à l'oral	*Talk confidently in French*
Écrire un article	*Write an article*
Exprimer son désaccord	*Express disagreement*
Utiliser le bon registre	*Use the correct register of language*
Adopter une position	*Take a stance/Make a stand against something*

1 L'argent ne fait pas le bonheur

(Student's Book pages 36–37)

Objectives

t Talk about people's attitudes to money

g Negatives

s Present a point of view

Starter

Write the title: *L'argent ne fait pas le bonheur* on the board. Split the class into two groups. Ask one group to think of reasons for (*pour*) and the other group to think of reasons against (*contre*) this statement. Conduct a debate for five minutes. You can chair it.

Note: Draw attention to the *faux-amis*: *l'addition* = the bill; *l'action* = share

Reading 1, page 36

Ask 11 students to read aloud the texts and make them sound convincing to prove they understand the meaning. Then, students discuss these youngsters' points of view and decide if they agree with them, going through the points listed.

Reading 2, page 36

Students identify and copy out the expressions that these youngsters use to express their point of view and translate them into English. Refer students to the *à l'examen* panel which stresses the importance of justifying opinions and using a variety of structures and phrases in the oral exam and advises students to keep a vocabulary book to jot down key phrases such as the ones in this activity.

Answers:

À mes yeux – *In my eyes*
Personnellement, je trouve indécent que … – *Personally I find it obscene that …*
Et bien moi, je ne crois pas vraiment que … – *As for me, I don't really think that …*
Je trouve que c'est inhumain. – *I find it inhumane.*
J'avoue que je trouve ça révoltant. – *I must admit that I find it appalling/revolting.*
Si vous voulez mon point de vue, il est inacceptable que … – *If you want my point of view, it is unacceptable that …*
Il me semble que … – *It seems to me that …*
C'est impensable, scandaleux même. – *It's unthinkable, scandalous even.*
Ça me met vraiment en colère! – *It really makes me angry!*
Il est indéniable que … – *It is undeniable that …*

Il me paraît inconcevable que … – *It seems inconceivable that …*
Rien ne prouve que … – *Nothing proves that …*
D'après moi … – *According to me …*
Pour ma part … – *According to me/As far as I'm concerned …*
Selon moi … – *According to me …*

Reading 3, page 36

Look for the French translations of these phrases in the article and then translate the missing word or phrase into English. This activity will encourage students to see that you cannot always translate word for word and that it is more important to convey the sense of the meaning.

Answers:

1 Je ne crois pas vraiment que l'argent garantisse à lui seul le bonheur.
   I don't really think that money alone guarantees **happiness**.

2 La pauvreté ne devrait plus exister au 21ᵉᵐᵉ siècle, et d'autant plus en France.
   Poverty should no longer **exist in the 21ˢᵗ century** *and certainly not in France.*

3 Je trouve indécent qu'un chef d'entreprise gagne autant que plusieurs centaines de ses salariés payés au SMIC.
   I find it disgusting that a big boss earns **as much as several hundred** *of his employees on the minimum wage.*

4 Les revenus des stars du show-business ont de quoi donner le vertige.
   Celebrities' wages can really **make you feel dizzy**.

5 Certaines personnes n'arrivent pas à nourrir leur famille.
   Some people don't manage to **feed their family**.

6 Pourtant rien ne prouve que notre bonheur soit proportionnel à notre pouvoir d'achat.
   Though, nothing proves that happiness **is not proportional** *to one's buying power.*

7 L'argent ne fait pas le bonheur, mais il y contribue.
   Money can't buy happiness but it **does contribute** *to it.*

8 On a assez d'argent lorsque l'on n'a pas besoin de compter pour joindre les deux bouts.
   You have enough money when **you don't have to count (pennies)** *to make ends meet.*

Listening 4, page 37

Students listen to the report in order to identify and correct the incorrect detail in each phrase.

CD 1 Track 22

Depuis le début des années 50, l'émergence progressive de la société de consommation a modifié les mentalités en ce qui concerne l'argent. Gagner de l'argent et rêver d'en avoir beaucoup est devenu peu à peu une ambition commune et acceptable.

52% des Français considèrent que l'argent est avant tout synonyme de sécurité et 24% croient qu'il assure la liberté; il n'est un symbole de réussite sociale que pour 9% et un attribut du pouvoir pour 6%. Mais le rapport que les Français entretiennent avec l'argent est en réalité plus complexe. L'argent reste en France un indicateur d'inégalité et d'injustice, un facteur de frustration.

Les inégalités en matière d'argent créent souvent un sentiment d'injustice chez tous ceux qui ne peuvent espérer s'enrichir qu'en gagnant au loto. La nature humaine est ainsi faite que l'argent dont on pense avoir «besoin» ne dépend pas seulement de ce qu'il permet d'acheter mais aussi de ce dont les autres disposent.

Answers:

1 Depuis le début des années **50**, l'émergence de la société de consommation a changé les mentalités en ce qui concerne l'argent.
2 Selon les Français, l'argent est avant tout synonyme de **sécurité**.
3 En réalité, le rapport que les Français entretiennent avec l'argent est **complexe**.
4 En France, l'argent est un indicateur d'inégalité et **d'injustice**.
5 Certains ne peuvent espérer s'enrichir qu'en **gagnant au loto**.

Speaking 5, page 37

In pairs, students discuss the categories of people and decide whether they would put them into the category of *les pauvres* or *les riches*. Students should justify their opinions and use the example as a guide to how they should structure their comments.

Note: As support you can provide students with key language:

en général
en principe
très souvent
dans la plupart des cas
par exemple
notamment
c'est-à-dire
faire partie de
appartenir à
un groupe / une catégorie de personnes
avoir tendance à

Reading 6, page 37

You may want to introduce this article with some definitions of a *Bobo*. For this kind of reading activity, it is advisable for students to review the list of words before reading the article and filling in the blanks with the words provided.

Answers:

Bobo, c'est l'acronyme de «Bourgeois-Bohème», (1) **terminologie** choisie par le journaliste américain David Brooks du New York Times.

On ne naît pas bobo … on le devient! Pour devenir bobo, il vaut mieux avoir les (2) **poches** bien remplies. Par définition, le Bobo ne fait jamais comme tout le monde: il critique la mode, mais va chez Gap ou Zara pour trouver le (3) **vêtement** vrai-faux-chic et décalé qui lui permettra de se faire quand même remarquer.

En (4) **vacances**, ne cherchez pas le bobo dans les lieux branchés: notre homme préfère retaper une vieille ferme à la campagne plutôt que de s'exposer aux flashs de la jet-set : il doit se ruiner pour des choses qui ne sont pas chères … le (5) **dentifrice** bio à 35 euros le tube par exemple.

Question idéologie, le Bobo est très 'open': contre le (6) **racisme**, pour le droit d'adoption des homosexuels, pas macho … Toute nouvelle (7) **idée** est bonne à prendre et à exploiter (rappel: ne jamais faire comme tout le monde).

Malgré tous ses (8) **efforts** pour paraître différent, le Bobo reste désespérément 'humain'. À force de s'inventer, il apparaît comme un nouveau riche pas très révolutionnaire, un écolo moderne qui aimerait concilier nouvelle économie et profit avec culture de son jardin et (9) **commerce** équitable … Un utopiste en somme. C'est Candide chez les réalistes!

Writing 7, page 37

Students study the *Grammaire* panel which focuses on the use of negative constructions. Ask students to copy out the negative phrases and their meanings. Students then rewrite the six phrases so that they are negative using the indicated negative construction. Go through the first example with the class.

Answers:

1 Les Bobos **ne** s'intéressent **pas du tout** à l'argent.
2 Pour elle, il **n**'y a **pas que** l'argent qui compte dans la vie.
3 Nous **n**'avons **pas encore** découvert une solution au problème de la pauvreté.
4 Ceux qui touchent des allocations **n**'ont **pas toujours** suffisamment d'argent pour joindre les deux bouts.
5 Ces riches jeunes gens **n**'avaient **nulle** envie d'entendre parler des problèmes des pauvres.
6 Pour eux, l'argent **n**'était **point** important.

Note: As an extension activity you can exploit Renaud's song *Les Bobos*.

Écoutez la chanson de Renaud intitulée *Les Bobos*. Écrivez la lettre des quatre phrases qui sont vraies.

a   Renaud fait remarquer que les Bobos ne s'intéressent guère à leur travail.
b   Renaud semble ne pas respecter les Bobos.
c   Il ne les aime pas du tout.
d   Les enfants des Bobos ne fréquentent pas les écoles publiques.
e   Les Bobos n'aiment ni les 4x4 ni les vélos.
f   Les Bobos ne regardent jamais ARTE.
g   Les Bobos n'éteignent pas France-Info.
h   Renaud a peur de ressembler lui-même aux Bobos.

Answers: b, c, g, h

Writing 8, page 37

Students write 200 words in response to the statement, 'Money makes you happy'. They can look at the notes they made for the starter activity and refer to the material covered in this unit for inspiration. Remind students to offer a balanced argument.

Note: Challenge students to include as many expressions of opinion from exercise 2 and at least three different negatives in their work. Also mention that they can use the vocabulary from exercises 1 and 5.

Plenary

To check whether the the three main objectives of this unit (*Parler des rapports à l'argent, La négation, Présenter un point de vue*) have been met, challenge students to write five phrases, which include a point of view and a negative construction in relation to money matters, e.g. *À mon avis, je pense qu'on ne doit pas vivre aux crochets de ses parents à l'âge de dix-huit ans.*

2 Situations précaires
(Student's Book pages 38–39)

Objectives

(t)   Job insecurity and voluntary work

(g)   Adjectival agreements with verbs

(s)   Translate from English to French

Starter

Write the title: *Situations précaires* on the board. In pairs students brainstorm as much vocabulary as possible related to this topic. You could give them a few examples to start them off, e.g: *le chômage,*

l'État Providence, les allocations familiales, etc. Students may use dictionaries to assist them with unfamiliar vocabulary.

Reading 1, page 38

Students read the expressions and match them up with those which have the same meaning.

Answers:

1 h, 2 d, 3 l, 4 c, 5 i, 6 g, 7 j, 8 b, 9 k, 10 a, 11 f, 12 e

Listening 2, page 38

Before listening to the recording, read out the information in the advice panel about being confident at recognising and using dates, high numbers and percentages for the listening and oral exams. For extra practice, you could go through a few examples on the board, e.g. *1996 → mille neuf cent quatre-vingt-seize.* Students then listen to the report on the radio about the right to accommodation and write down the six phrases which are true.

Note: After the listening exercise you could hand out the transcript of the report and ask students to find out the meaning of the following words and any other unfamiliar vocabulary:

urgence → urgency, logement → accommodation, incendie → fire, vétuste → derelict, timeworn, ménage → household, agglomérations → built-up areas

 CD 1 Track 23

L'urgence est là. La France compte plus de trois millions de personnes sans logement ou mal logées. Près de 86 000 personnes sont sans domicile fixe, 780 000 vivent dans un habitat précaire, 610 000 en situation de surpeuplement, 100 000 sont dans des campings. À Paris, en 2005, trois incendies de bâtiments vétustes ont fait plus de 50 morts. 1,3 million de ménages attendent un logement social. Les prix des loyers, atteignent des niveaux records, incompatibles avec les ressources de beaucoup. Les expulsions ne cessent d'augmenter.

Le manque de logements accessibles à tous est l'un des problèmes majeurs de notre société. Face à cette situation inquiétante, il faut construire plus de logements, surtout des logements sociaux intégrés au cœur des communes et des agglomérations. Les politiques qui se succèdent disent vouloir trouver une solution, mais elles ne répondent pas aux besoins des ménages mal logés, ou sans logements.

Answers:

a, b, d, e, f, h

Speaking 3, page 38

Students read through the two articles and in pairs respond to the questions in French. You can encourage your students to keep up to date with French current affairs by buying a French newspaper or going online e.g. *www.lemonde.fr*.

Suggested answers:

Text 1:
1   Ce sont des personnes qui n'ont pas de logement, ils peuvent être jeunes et ambitieux. Ce ne sont pas des clochards, des alcooliques, des personnes âgées ou paresseuses.
2   Parce qu'il n'y a pas assez d'argent pour les aider.
3   La France, la Belgique et la Grande-Bretagne.
4   Non, c'est un problème difficile et gênant.
5   «Au lieu de lui donner un poisson, apprends lui à pêcher». Il vaut mieux former quelqu'un à faire quelque chose pour qu'il s'investisse et que son travail soit récompensé, qu'il devienne indépendant. Ne donner que de l'argent pour aider quelqu'un à s'en sortir ne résout pas de problèmes.
6   *Macadam* permet à des personnes de retravailler et retrouver sa dignité, de sentir qu'elles participent à la société.

Text 2:
1   donner à manger à ceux qui n'ont pas les moyens / offrir des repas chauds / distribuer des colis alimentaires
2   Ils distribuent des repas chauds (soupe, plat, café) dans la rue.
3   Il croyait que c'était une solution temporaire, en France, mais malheureusement ils sont toujours ouverts plus de vingt ans après leur ouverture.
4   1985: ouverture des Restos du Cœur
des milliers de bénévoles
81,7 millions de repas distribués à 700 000 personnes
2005 le problème de la pauvreté n'est toujours pas réglé
2–3 millions de personnes en France reçoivent toujours une aide alimentaire
3 733 000 personnes touchent moins de 681 euros par mois
7 136 000 personnes touchent moins de 817 euros par mois
5   *réponse personnelle des élèves*
6   *réponse personnelle des élèves*

Writing 4, page 39

Ask students to read through the advice in the *à l'examen* panel about translating from English to French. With this advice in mind, students translate the phrases into French. They should have made notes from the previous unit which will help with translating some of the idiomatic expressions.

Answers:
1   De nos jours, de plus en plus de gens sont exclus de la société.
2   Chacun a le droit au logement.
3   Nous devons lutter contre l'injustice.
4   En vendant un journal, les sans-abri peuvent conserver leur dignité.
5   Lorsque Coluche a ouvert les Restos du Cœur, il pensait que leur existence serait provisoire / temporaire.
6   Les chômeurs peuvent avoir du mal à joindre les deux bouts malgré les allocations / les aides sociales qu'ils reçoivent / touchent.
7   Il est essentiel que les politiciens s'occupent du problème de la pauvreté.
8   Beaucoup de personnes n'ont pas les moyens de manger à leur faim.
9   Heureusement qu'il y a des bénévoles qui aident ceux qui n'ont rien.
10 Personne ne devrait être pris dans cette spirale de la misère au 21ème siècle.

Writing 5, page 39

Revise the notes in the *Grammaire* panel about agreement of verbs and auxiliaries with their subject. Students then copy the text, conjugating the verbs in brackets into the present tense and ensuring that the adjectives agree.

Answers:

Annie (1) **habite** dans la rue. Elle (2) **fait** la manche dans le métro tous les jours avec sa (3) **meilleure** amie Alice. Elles (4) **sont** toutes les deux (5) **désespérées**. Elles (6) **se sentent** (7) **vulnérables**, (8) **abandonnées** par la société. «Une fois qu'on (9) **est** marginalisé, la réinsertion devient (10) **problématique**. Je n'ai pas beaucoup d'espoir.» dit Annie.

Writing 6, page 39

Students write 240–270 words in response to the statement, 'Nowadays, too many people live in undignified conditions. Social benefits must be increased'. To carry out this assignment, you may want to devise a vocabulary worksheet which will offer students some language support. Rather than giving students the translations, ask students the meanings and go through these as a class.

key vocabulary:

loger, le logement, mal-logés
exclure, l'exclusion, exclu de
agir, l'action
réinsérer, la réinsertion
marginaliser, être en marge de la société
mendier, la mendicité, un mendiant
perdre son emploi / sa dignité
avoir des difficultés à + inf

trouver une solution au problème de + noun
souffrir
se battre / lutter contre l'injustice
se nourrir, se chauffer, se loger
recevoir des aides sociales, des soins médicaux
être à la rue, être à l'abri
être dans le besoin
être pris dans la spirale de la misère, de l'endettement, de la maladie
être en guerre contre la misère
une situation inacceptable / paradoxale
un niveau de vie
défavorisé, démuni

Plenary

Students create a crossword about this topic and complete it for homework. You could choose the best one, photocopy it for the rest of the class and complete it as a starter exercise for the next lesson.

Module 2, Activity 1 ▶ Argent et santé ▶ La Charte de la santé

3 Délits mineurs?
(Student's Book pages 40–41)

Objectives

t Talk about juvenile delinquency and crime

g The infinitive

s Develop an argument

Starter

On the board, write up the question: *D'où vient la violence des jeunes?* Give students two minutes to comment on this question and offer some sentence starters to support students' responses, e.g. *De nos jours, ils sont violents à cause de… / Selon moi les jeunes sont violents parce que…*

Speaking 1, page 40

In pairs, students study the key statistics about youngsters and violence. They should guess which of the statistics given are missing from the statements on the right and then listen to the report to determine whether they are correct.

CD 1 Track 24

a
9% infractions diverses (stupéfiants, circulation routière …)

b
6% atteintes à l'ordre public

c
4% agressions sexuelles

d
48% vols

e
10% destruction et dégradation

f
6% recels

g
3% escroqueries et abus de confiance

h
14% coups et blessures

Sur 184 696 mineurs interpellés ou mis en cause par la police ou la gendarmerie (en 2004), 58 148 ont été poursuivis et 41 141 condamnés pour un délit. Parmi les peines infligées, la justice privilégie les mesures éducatives. La prison ferme ne concerne que 5 000 mineurs.

En vingt ans, le nombre de délits commis par des mineurs a plus que doublé. Plus grave: la violence commence de plus en plus tôt.

18,5% des personnes mises en cause pour agression physique ont moins de 18 ans, dont 87% de garçons et 13% de filles.

Answers:

a   10% destruction et dégradation
b   48% vols
c   6% recels
d   3% escroqueries et abus de confiance
e   9% infractions diverses (stupéfiants, circulation routière …)
f   14% coups et blessures
g   4% agressions sexuelles
h   6% atteintes à l'ordre public

Speaking 2, page 40

Before setting this exercise, go through the key phrases which convey an element of surprise. Then, in pairs, students discuss which statistics surprised them and explain why.

Reading 3, page 40

Read Lucienne's, Sébastien's and Marie-Rose's texts and decide which statements correspond to each of them. Encourage students to read through the statements first.

Answers:

1 Lucienne 2 Sébastien 3 Lucienne 4 Marie-Rose
5 Marie-Rose 6 Sébastien 7 Sébastien

Reading 4, page 40

Ask students to take notes in English to sum up the main points of the article. Include the points listed.

Listening 5, page 41

Ask students to read through the questions. They then listen to Samy and respond to questions 1–6 in English.

CD 1 Track 25

L'année dernière, j'ai participé au programme «Ville, vie vacances» et je dois dire que … Eh ben c'était pas mal en fait. Je ne m'attendais pas à grand chose, mais comme j'avais déjà eu des ennuis au lycée … Et avec la police aussi … Quand ma tante m'a montré le programme, je suis quand même allé voir. C'est vrai quoi … Je voulais pas traîner dans la rue tout l'été. Dans ma cité c'est trop mort l'été.

On a pu jouer au football, au basket et au volley, ils ont organisé plein de tournois. On pouvait aussi faire de l'athlétisme ou du canoë kayak. Toutes les semaines, ils faisaient venir des gens pour discuter avec nous. On a beaucoup parlé de la citoyenneté, des principes de la vie en société et du respect et tout ça. Au début j'ai trouvé ça un peu nul, mais j'y ai rencontré des mecs très cools qui disaient tous la même chose, et à partir d'un moment je me suis rendu compte qu'ils avaient un peu raison quand même. À quoi bon détériorer là où tu habites, pourquoi insulter son voisin, le traiter de tous les noms? J'ai appris plein de choses et je crois que cette expérience m'a un peu changé.

Answers:

1 a youth project in the city
2 he was sceptical
3 hanging about in the street
4 citizenship, values in society and respect
5 he was dismissive, but he met some really cool people and realised that, on the whole, they were right
6 he learned a lot and hopes it changed him a bit

Writing 6, page 41

Before carrying out the writing exercise, refer students to the *Grammaire* panel which demonstates when and how to use infinitives. As a grammar reinforcement activity, ask students to write four phrases which contain a modal verb followed by an infinitive. Then, ask students to translate the extract into English.

Answer:

We must not forget to mention the importance of the maintenance and renovation of an area. It is generally accepted that one's environment has an effect on the rate of crime and delinquency. The more pleasant the environment is, the more the inhabitants will tend to respect it. Offering young people leisure activities also contributes to reducing delinquency. All residents should therefore collaborate with town councils and organisations to maintain and animate their district / neighbourhood.

Reading 7, page 41

Students read through the extract in exercise 6 again and copy out all the infinitives and their English translation, e.g. *oublier* → to forget. Go through the list of infinitives identified to ensure that students can justify their use.

Answers:

Il ne faut pas **oublier** de – infinitive after *il faut*
de **mentionner** – infinitive after *de*
à **respecter** – infinitive after *à*
offrir – infinitive translating *-ing*
c'est **contribuer** – infinitive translating *-ing*, after *c'est*
à **réduire** – infinitive after *à*
devraient **collaborer** – infinitive after a modal verb
pour **entretenir** – infinitive after *pour*
pour **faire** – infinitive after *pour*
faire **vivre** – dependent infinitive

Writing 8, page 41

For further practice of using infinitives, students translate the sentences into French.

Answers:

1 On ne peut pas sortir du ghetto.
2 Commettre des crimes par ennui n'est pas acceptable.
3 Il faut surveiller les jeunes mais aussi leur proposer des activités.
4 Que faire pour lutter contre la délinquance et les violences urbaines?
5 Il faut / Il est nécessaire d'examiner les programmes scolaires.
6 Les projets citoyens sont à encourager.

Speaking 9, page 41

Focus students' attention on the *à l'examen* panel which explains how students can develop arguments in their speaking and writing. Then, students choose one of the three opinions and develop their argument to give a three-minute presentation.

Plenary

Refer students to the advice panel on page 40 which encourages them to get into the habit of recording facts and figures. Then, ask students to write down ten important facts or figures from this unit which they may need for their oral exam or the RBE.

Module 2, Activity 2 ▶ Criminalité ▶ Les jeunes et les dangers de l'arme blanche

Module 2, Activity 3 ▶ Criminalité ▶ Les armes blanches: quelles solutions?

4 Quand la France brûle …
(Student's Book pages 42–43)

Objectives

t Understand riots in city suburbs

g Agreement of the past participle (with *avoir* and *être*)

s Express agreement

Starter

To introduce this new topic about riots in city suburbs, write up the following words on the board and ask students to find the pairs of synonyms.

Trouvez les synonymes.

1	émeute	a	brûler
2	incendier	b	pourchassé
3	décès	c	création, mise en place
4	interpellation	d	état d'alerte
5	être mis sous les verrous	e	interrogation
6	origine	f	révolte sociale ni préparée, ni organisée
7	poursuivi	g	cause
8	réputé	h	mort
9	instauration	i	considéré
10	état d'urgence	j	être enfermé, incarcéré

Answers:

1 f, 2 a, 3 h, 4 e, 5 j, 6 g, 7 b, 8 i, 9 c, 10 d

Reading 1, page 42

Students read the article about the 2005 riots and fill in the gaps with the words provided in the box. Encourage students to look up new vocabulary in the dictionary.

Answers:

Le bilan des émeutes de 2005

100, 200, 300 millions d'euros? Le coût définitif des émeutes de 2005 est toujours compliqué à

(1) **évaluer** avec précision. Une chose est certaine: les violences ont profondément marqué les habitants des (2) **cités** concernées. En trois semaines, du 27 octobre au 17 novembre, plus de 9 000 (3) **véhicules** ont été incendiés, engendrant près de 3 000 interpellations. Au total, 600 personnes ont été mises sous les verrous, dont une (4) **centaine** de mineurs. L'origine des émeutes a pour cause le décès de deux adolescents de Clichy-sous-Bois. Poursuivis par la police, ils se sont (5) **réfugiés** dans un poste de transformation EDF. Ils meurent électrocutés. Ce seront les seuls morts de cette vague de violence, sans précédent (6) **depuis** mai 1968.

Peu à peu, les (7) **émeutes** s'étendent aux villes de (8) **banlieues** réputées «difficiles» de la région parisienne: Bobigny, Neuilly-sur-Marne, La Courneuve, Fontenay-sous-Bois, Montreuil, Argenteuil, Deuil-la-Barre, etc. Phénomène nouveau: les émeutes urbaines se répètent dans les autres régions françaises. Ce qui aura pour (9) **conséquence** l'instauration de l'état d'urgence dans le pays par Jacques Chirac, alors (10) **président** de la République, le 8 novembre. Il sera levé trois semaines plus tard.

Reading 2, page 42

Having read the article, students read the eight phrases and decide whether the phrases are true (V), false (F) or not mentioned (ND).

Answers:

1 V, 2 ND, 3 V, 4 F, 5 F, 6 F, 7 F, 8 V

Writing 3, page 42

Draw students' attention to the *Grammaire* panel which focuses on the perfect tense and agreement of the past participle. Go through the examples in the *Grammaire* panel to ensure that students understand. Then, ask students to read the ten sentences and write out the verbs in brackets in the perfect tense.

Answers:

1 Le gouvernement **a décidé** d'imposer un état d'urgence.
2 La police **a rétabli** le calme.
3 Deux adolescents **sont morts**, trois policiers sont blessés.
4 La situation **s'est aggravée** rapidement.
5 Les jeunes **se sont mis** en colère.
6 La police **a mis** des centaines de personnes sous les verrous.
7 Les émeutes urbaines **se sont répandues** dans les autres régions françaises.
8 Les personnes que la police **a interpellées** étaient des jeunes du quartier.
9 Les violences **se sont étendues** aux villes de banlieues.
10 Les voitures que les jeunes **ont brûlées** appartenaient aux gens de la cité.

Speaking 4, page 43

Ask students to read the opinions of five youngsters. In pairs they discuss whether or not they agree or disagree with their comments. Encourage them to use the list of expressions to justify their opinions.

Listening 5, page 43

Students listen to the recording about the 2007 riots and then write down what the given dates correspond to.

CD 1 Track 26

Des incidents se sont produits, mercredi soir 23 janvier, à Villiers-le-Bel, dans la cité, où, fin novembre 2007, deux adolescents sont morts dans une collision entre leur moto et une voiture de police.

Une vingtaine ou une trentaine de jeunes ont lancé des pierres contre un car de CRS.

Les jeunes s'en sont ensuite pris a un bus de transport en commun vide puis à un restaurant McDonald. Il n'y a pas eu de blessé.

Aucune interpellation n'a eu lieu et le calme était revenu dans le quartier en début de soirée.

Villiers-le-Bel avait été le théâtre de violences les 25 et 26 novembre 2007, après l'accident des deux adolescents, durant lesquelles des bâtiments publics avaient été endommagés et 150 policiers blessés, dont 81 par tirs d'armes à feu.

Answers:

23 – January, date of incidents
2007 – year of riots, in November
2 – number of adolescents who died in crash
20/30 – number of young people throwing stones
0 – people arrested
25/26 – November – dates of initial accident
150 – policemen injured
81 – policemen injured by firearms

Writing 6, page 43

Students look at the photo and imagine what happened previously to cause this radical demonstration. They write 200 words about it. This imaginative style of writing is good practice for the creative essay in the writing exam.

Plenary

Focus students' attention on the *à l'examen* panel which concerns expressing opinions.

Devise a worksheet with some useful phrases for expressing opinions, e.g. *De nos jours, personne ne pense une chose pareille. / Cette théorie ne tient pas debout. / Franchement, je n'y crois pas. / Autant qu'on puisse en juger / En revanche.* Using these expressions, ask students to write ten sentences about riots in city suburbs in response to the comments made by the people in exercise 4.

5 Mosaïque culturelle: richesses et préjugés
(Student's Book pages 44–45)

Objectives

t Talk about multicultural France and discrimination

g Inversion in direct speech and after certain adverbs

s Provide a definition

Starter

As a homework activity, prior to the lesson, set students the task of researching the make up of France's population. Ask them to find out five interesting facts about the diversity of France, e.g. *L'immigration maghrébine est très populaire en France.* After students have fed back some of their facts, read the information in the *Culture* panel on page 44 which gives an overview of the rich diversity of France.

Listening 1, page 44

Students spend one minute reading through the terms. Translate them into English, as a class. Then, students listen to the recording and write down the term which corresponds to each definition they hear.

CD 1 Track 27

1 C'est un groupe de personnes dont les origines et la culture sont différentes de celles de la majorité des habitants du pays dans lequel ils vivent.
2 C'est quand un pays domine un autre pays ou un autre territoire pour en exploiter les ressources dans son propre intérêt.
3 C'est le fait d'exterminer systématiquement un groupe ethnique, religieux ou racial.
4 C'est une personne qui est venue s'installer dans un pays étranger.
5 Il s'agit d'une personne originaire du pays qu'elle habite.

6 C'est le comportement discriminatoire envers les juifs.

7 Ce sont les incitations à la haine et à la violence, les diffamations et les injures raciales, les discriminations commises par des particuliers ou des représentants de l'autorité publique.

8 Cela veut dire une idée toute faite ou un préjugé.

9 C'est le fait de traiter différemment certaines personnes en raison de leur race, de leur religion, de leur nationalité, de leur sexe ou de leurs choix sexuels.

10 C'est l'idée selon laquelle on considère un groupe social ou ethnique comme inférieur.

11 C'est une personne qui est hostile à l'égard des étrangers.

12 C'est quand on achète quelqu'un et qu'on le prive de liberté.

Answers:

1 **b** minorité ethnique
2 **j** colonialisme
3 **i** génocide
4 **c** immigré
5 **d** autochtone
6 **g** antisémitisme
7 **h** crimes racistes
8 **e** stéréotype
9 **a** discrimination
10 **f** racisme
11 **l** xénophobe
12 **k** esclavage

Listening 2, page 44

Students listen to two friends Véronique and Mathilde having a conversation about multi-cultural France. They then work out what they are speaking about and their point of view on this subject matter. Ask students to take notes in English to feed back to the rest of the class.

CD 1 Track 28

1

La France c'est quand même une vraie mosaïque culturelle! C'est un aspect de notre société que j'apprécie beaucoup. J'adore ce mélange de cultures … Si je veux, je peux écouter du raï ou du flamenco, tout en buvant un ti-punch antillais, en portant mon boubou (je te l'ai pas montrée la tunique africaine que mes parents m'ont rapporté de leur voyage au Sénégal? Trop bien!). Ce brassage culturel, où chacun est différent mais tout le monde apporte sa contribution, ses idées

… Tant de richesses, ça m'émerveille toujours! Pas toi?

2

Moi, je ne suis pas raciste, par contre notre société m'inquiète. Quand il y a eu les émeutes, et que le malaise s'est répandu dans toute la France, j'ai eu très peur. J'ai aussi vraiment peur quand je vois les scores qu'arrive à obtenir le Front National lors des élections … Je pense que les médias jouent un rôle important. À la télé on n'arrête pas de parler de tensions dans les cités ou de délinquance, de violences, ce genre de choses. Les médias ne semblent parler des banlieues que lorsqu'il y a des problèmes, jamais ils ne parlent des initiatives ou des succès. J'aimerais bien qu'on présente une image un peu plus positive de la différence dans notre société. Je crois qu'on joue sur les peurs des gens, notamment les politiciens, plutôt que de célébrer la différence, la diversité culturelle. Nous sommes tous égaux mais tous différents …

Speaking 3, page 44

Students prepare their own definitions for the terms given. Then in pairs, students quiz each other to see whether they can guess the term from their definitions.

Refer students to the advice panel about the advantages of giving definitions. You may want to encourage students to use a French monolingual dictionary that contains definitions at A2 level.

Reading 4, page 44

Ask students to read through the article *Islamophobie* and find the equivalent of these English phrases in the text.

Answers:

1 voilées
2 porter plainte pour
3 l'affaire
4 révélatrice de
5 le climat anti-musulman
6 un porte-parole
7 répandu
8 une recrudescence des signalements

Reading 5, page 44

To check students' comprehension of the article, ask them to complete the sentences in English.

Answers:

1 she and her mother were wearing a veil.
2 they (the MRAP) condemn any form of religious discrimination.

3 this was indicative of the anti-Muslim climate in France and Europe.
4 Islamophobia is the most current form of religious discrimination.
5 there has been a worrying increase in the number of discriminatory acts towards Muslims ranging from insults to discrimination in the workplace.

Writing 6, page 45

Focus students' attention on the *Grammaire* panel which explains subject and verb inversion. Then, as a grammar reinforcement activity, students rewrite the phrases in exercise 6 in direct speech. You could go through the first one with the class as an example.

Answers:

1 «Pourquoi es-tu raciste?», a demandé Nora à Éric.
2 «Je crois être supérieur puisque je suis français de souche», lui a-t-il répondu.
3 «Il ne faut pas répéter toutes les bêtises que tu entends autour de toi!», lui a dit Nora.
4 «Le racisme est puni par la loi», lui a-t-elle expliqué.
5 «Tu ferais bien de penser avant de parler», lui a-t-elle fait comprendre.

Writing 7, page 45

For further reinforcement of inversion, ask students to rewrite the phrases with the adverbs indicated at the beginning which are always followed by inversion. Remind students that they may need to insert *-t-* between the verb and pronoun to avoid having two vowels together, e.g. *a-t-il*.

Answers:

1 À peine sait-il parler français.
2 Aussi veut-elle s'adapter à la société française.
3 Ainsi Khaled peut-il s'intégrer.
4 Peut-être Irina a-t-elle tort.
5 Sans doute ont-ils raison.

Listening 8, page 45

Students listen to the two newsflashes and fill in the grid for each report noting down: the suspects, the victims, the details of the crime and the punishment.

 CD 1 Track 29

1
Le gouvernement a annoncé la dissolution des Boulogne Boys et de la Faction Metz, deux associations de supporteurs de foot. Les Boulogne Boys sont accusés d'avoir installé une banderole insultante pour les ch'tis, les habitants de la région Nord-Pas-de-Calais lors de la finale de la Coupe de la Ligue, fin mars. Des membres de la Faction Metz auraient fait des gestes racistes durant le match Lyon-Metz, fin février.

2
Hier s'est ouvert le procès de quatre hommes, accusés d'avoir mis le feu en mars 2004 à une mosquée à Annecy et à une salle de prière dans la banlieue d'Annecy. Les incendies n'ont pas fait de victimes car ils ont été provoqués la nuit, mais ils auraient pu en faire et ils ont causé d'importants dégâts matériels. Surtout, ces hommes se sont attaqués à des symboles de la religion musulmane et sont accusés de racisme. Pour ces actes, ils risquent jusqu'à 20 ans de prison.

Answers:

1
Les personnes soupçonnées: les Boulogne Boys; la Faction Metz
Les victimes: les ch'tis
Les détails du crime: les Boulogne Boys ont installé une banderole insultante pour les ch'tis pendant la finale de la Coupe de la Ligue; des membres de la Faction ont fait des gestes racistes durant un match Lyon-Metz
La condamnation: la dissolution de ces deux associations

2
Les personnes soupçonnées: quatre hommes
Les victimes: il n'y avait pas de victimes parce que les incendies ont été provoqués la nuit
Les détails du crimes: Les accusés ont mis le feu à une mosquée à Annecy et à une salle de prière dans la banlieue d'Annecy, causant d'importants dégâts matériels. Ils se sont attaqués à des symboles de la religion musulmane.
La condamnation: ils risquent jusqu'à 20 ans de prison

Writing 9, page 45

Ask students to study the anti-discrimination poster. Ask them to write 100 words about its significance and the reasons why it might have been created. Ensure that they include the points listed.

Plenary

Highlight the advice panel on page 44 which explains that being able to give definitions is hugely beneficial for the speaking and writing examinations. For further practice of this, write down some key phrases from this unit, e.g. *la discrimination*, but don't show these to the class. Ask a volunteer to come to the front of the class. Show them one of the phrases you have written down. They then have 30 seconds to define this term. The first student to guess the term correctly then has to define a new word and the game continues.

Module 2, Activity 4 ▶ Europe ▶ L'avenir européen

6 Ensemble contre le racisme
(Student's Book pages 46–47)

Objectives

t Act/Work against racism

g The future perfect tense

s Talk confidently in French; write an article

Starter

Devise a small worksheet entitled *Sondage* with a grid of three columns and headings: *Nom*, *Opinion* and *Justification*. Display the question, *Est-ce que le racisme est un grand problème de nos jours?* Ask students to carry out a class survey, asking each other this question and noting down the responses. By doing this, they will practise their speaking and listening skills.

Listening 1, page 46

Students study the posters A–E and and try to figure out what they are promoting. Then, they listen to five youngsters speaking about what they have recently participated in. Students note down which poster corresponds to each youngster and also include a detail from each description.

CD 1 Track 30

1
Récemment, je suis allé voir un spectacle de danse très impressionnant. C'était un spectacle de danse hip-hop et ça s'appelait *Pas de quartier*. Il fallait que chaque danseur improvise et le meilleur à la fin a remporté le trophée du meilleur danseur. Quelle énergie! C'était for-mi-dable, à te couper le souffle! Le metteur en scène, Éric Checco je crois, est intervenu à la fin et il a déclaré que pour lui la culture urbaine était un cadeau énorme de mixité. Je suis tout à fait d'accord avec son point de vue.

2
L'autre jour, je suis allée voir le film de Rachid Bouchareb *Indigènes*. Le film raconte le parcours des «indigènes», les personnes recrutées en Afrique pour libérer la France de l'ennemi nazi. Ces gens sont vraiment des héros que l'histoire

a oubliés. C'est honteux. J'ai trouvé ce film vraiment très intéressant. J'ai appris beaucoup de choses et les acteurs ont très bien interprété leur rôle.

3
Avec des amis, on est allé à un spectacle antiracisme: *Rire contre le racisme* à Paris. C'était très drôle. Le meilleur c'était Phil Darwin, il a vraiment été exceptionnel. Il nous a fait rire aux larmes! Je trouve que c'est bien d'utiliser l'humour et l'ironie pour lutter contre l'ignorance et le racisme.

4
Le *Melting Night* a été organisé par SOS campus, les étudiants solidaires de SOS racisme. Au programme il y avait une chanteuse soul et un groupe de danse hip-hop, et puis aussi un comique qui a fait un one-man show qui n'était pas mauvais du tout. Puis on a dansé toute la nuit. Ça faisait du bien d'être dans une boîte où on savait qu'il n'y aurait aucun problème de discrimination, il y avait une très bonne ambiance.

5
Ça fait deux ans que je suis membre de SOS racisme car je crois que c'est important de lutter contre la discrimination. Je vais à des manifs, je suis bénévole dans des meetings. Je me suis engagé quoi!

Answers:

1 C, 2 A, 3 E, 4 B, 5 D

(Plus any detail from the script.)

Reading 2, page 46

Students read the extract from the book *Le racisme expliqué à ma fille* by Tahar Ben Jelloun and match up the sentence starters and endings to convey the messages he writes about.

Answers:

1 **d** Pour Tahar Ben Jelloun, la différence est une belle chose.
2 **e** La mixité est un enrichissement.
3 **a** Tous les visages sont uniques.
4 **b** Chacun devrait respecter l'autre.
5 **f** En traitant les autres correctement on se respecte soi-même.
6 **c** Pour combattre le racisme il faut apprécier la diversité.

Speaking 3, page 46

In pairs, students choose three phrases from the extract of Tahar Ben Jelloun's book which they feel summarise his thoughts. Then students decide whether they agree with these thoughts and justify their opinion.

Note: instead of pair work, it could be class work.

Writing 4, page 46

Ask students to read the *Grammaire* panel which offers a summary of the future perfect tense. This exercise enables students to practise using this tense by putting the verbs listed into the future perfect and then translating them into English.

Answers:

1	j'aurai respecté	*I will have respected*
2	nous aurons traité	*we will have treated*
3	elle aura réussi	*she will have suceeded*
4	ils auront perdu	*they will have lost*
5	tu auras vu	*you will have seen*
6	vous serez venus	*you will have come*
7	je serai arrivé(e)	*I will have arrived*
8	tu seras parti(e)	*you will have left*
9	on se sera amusé	*we will have had fun*
10	j'aurai pris	*I will have taken*

Writing 5, page 47

Before students begin this exercise, you could ask them to identify where they will need to use the future perfect in the passage. Then students translate the passage into French for further practice of the future perfect.

Answers:

Dans un monde idéal, d'ici cent ans, on **aura oublié** ce que signifie le mot racisme. Nous **aurons éliminé** toute trace de discrimination raciale. On **se sera mis d'accord** pour se respecter. Dès que nous **aurons appris** à apprécier la diversité, on fera des progrès. Quand on **aura établi** les principes du vivre-ensemble, on **aura réussi**. J'espère vraiment que dans cent ans, la tolérance et l'égalité **auront vaincu / gagné**.

Speaking 6, page 47

Students read through the four statements and then in pairs discuss which message affects them the most. Remind students to justify their opinions.

Writing 7, page 47

Students write an article (around 250 words) for a school newspaper which details something that they took part in to combat racism. It may be true or fictional. Students may use the examples provided and they should read the advice panel about how to write an article and what to include. Explain to students that this exercise is very good practice for the writing exam where they will have to write a creative essay.

Plenary

As a class, read through the advice panel at the top of page 47 which encourages students to practise and build confidence in their speaking. You may want to offer your students some strategies on how they can improve, e.g. read aloud a French newspaper article once a week. You could ask students to report back on a weekly basis to share good practice and to keep you updated on their independent learning and practice.

As homework, you could ask your students to record their article from exercise 7. You could then listen to their recordings and offer them individual guidance on how to improve or they can listen to themselves. Recording themselves is good practice and excellent preparation for the oral exam.

7 Terre d'accueil et nouveaux horizons
(Student's Book pages 48–49)

Objectives

t Talk about immigration and integration

g *Mal* or *mauvais*?

s Express disagreement

Starter

As a homework activity, prior to the lesson, ask half the class to think of advantages of immigration and the other half to think of disadvantages of immigration. They then use their notes to start the lesson with a class debate lasting three minutes. The side with the best arguments and justifications wins the debate.

Reading 1, page 48

Students read the article and fill in the blanks with the correct adjective or pronoun. They should ensure that these agree with the noun.

Answers:

Immigrer? C'est tout simplement s'installer dans un autre pays. Est-ce si simple pourtant? Un nouveau pays, une (1) **nouvelle** culture, une nouvelle langue. Sera-t-on accepté? Demeurera-t-on toujours un «immigré»? Pas si simple en fait ... Et puis tout dépend des raisons pour (2) **lesquelles** un immigré a quitté son pays. Autant de personnes, autant de raisons. Un immigré peut avoir quitté son pays d'origine:

- pour des raisons économiques: les conditions de vie du pays d'accueil sont meilleures, le coût de la vie (3) **est** moins cher, ou encore il est plus facile de trouver un emploi.
- pour des raisons d'éducation: lorsque le pays d'accueil offre de meilleurs cursus scolaires ou universitaires, de meilleures formations (4) **professionnelles**, un meilleur avenir.
- pour des raisons (5) **politiques**: pour les réfugiés politiques, les demandeurs d'asile qui ne se sentent plus en sécurité dans leur pays.

Dans ce cas, les candidats à l'immigration sont, le plus souvent, (6) **forcés** de quitter leur pays, c'est une question de vie ou de mort. Tous les candidats à l'immigration ne le sont donc pas volontairement.

Reading 2, page 48

Students re-read the article about immigration. They should identify the opposites and the synonyms of the words listed.

Answers:

1
émigrer = immigrer
difficile = simple
ancien = nouveau
pires = meilleures
contre son gré = volontairement

2
restera = demeurera
en réalité = en fait
quand = lorsque
futur = avenir
en sûreté = en sécurité

Writing 3, page 48

Students translate the first paragraph of the article into English.

Answers:

Immigrating? It is quite simply settling down in another country. Yet, is it so simple? A new country, a new culture, a new language. Will one be accepted? Will one always remain an 'immigrant'? In fact, not so simple … And then it all depends on the reasons why an immigrant has left his country. There are as many reasons as there are people. An immigrant may have left his country of origin:

Speaking 4, page 48

In pairs, students discuss what it would be like if they were to emigrate to Australia tomorrow. They should discuss what they think life would be like, what problems they may confront as an immigrant and whether they think they would fit in easily. Remind students to justify their opinions.

Reading 5, page 48

Ask a few students to read aloud the article about Thierry Lhopitault. Focus on pronunciation and accuracy. Then, ask students to answer questions 1–6 in English.

Answers:

1 he taught
2 more and more highly qualified people are leaving France
3 the brain drain. This is when a country is losing its best minds.
4 courage
5 the climate, the food, different traditions
6 It offers the chance to reinvent oneself

Writing 6, page 48

For grammar reinforcement and translation practice, students translate the six phrases into French.

Answers:

1 Certaines personnes quittent leur pays d'origine pour des raisons économiques.
2 D'autres quittent leur pays d'origine / pays natal pour des raisons politiques, parfois contre leur gré.
3 On a besoin de / Il faut du courage pour s'installer, s'adapter / s'acclimatiser et s'intégrer dans un nouveau pays.
4 Beaucoup de personnes / gens quittent la France pour aller travailler dans d'autres pays.
5 La fuite des cerveaux est un problème important qui devient de plus en plus inquiétant.
6 Être immigré offre la possibilité de se redéfinir.

Listening 7, page 49

Ask students to read through phrases 1–7. Check students' comprehension by asking them to translate the phrases. They then listen to the report about Muslim migrants in the United States and write the numbers of the five phrases which are true.

Note: you may want to provide the following vocab: *mener une étude, tout à fait, adhérer, les disparités, déclassé.*

CD 1 Track 31

– Est-ce réellement une surprise? Selon une étude menée par la Pew Research Foundation, les Musulmans américains sont tout à fait intégrés dans la société nord américaine et adhèrent majoritairement à ses valeurs. Ils sont aussi attachés à ce pays.
Pour Pascal Boniface, directeur de l'Institut de Relations Internationales et Stratégiques:
– Cela s'explique sans doute parce que, contrairement à la situation des Musulmans

en Europe, le niveau de vie moyen des Musulmans américains est comparable à la moyenne nationale. Les disparités sont fortes en Europe de l'Ouest, continent où les Musulmans sont plus souvent déclassés économiquement et socialement.»

– L'étude montre que 53% des Musulmans américains pensent qu'il est plus difficile de se revendiquer comme tel depuis les attentats du 11 septembre 2001. Et même si pour 72% des personnes sondées, la religion est un élément très important de leur vie, 62% pensent que la qualité de vie est meilleure aux États-Unis que dans les pays musulmans. Par ailleurs, 43% des personnes sondées estiment que les Musulmans nord américains devraient adopter les coutumes américaines.

Answers:

1, 2, 4, 5, 6

Reading 8, page 49

Before doing this reading exercise, ask students to study the *Grammaire* panel which focuses on comparatives and superlatives. Then ask students to write out the phrases choosing the correct adjective, comparative or superlative.

Answers:

1 Il vaut **mieux** faire des études supérieures.
2 Les immigrés sont **de mieux en mieux** éduqués.
3 Ils peuvent postuler à un **meilleur** poste.
4 Dans le passé, **la pire** des choses c'était d'arriver sans diplôme.
5 Les conditions de vie étaient **meilleures** dans le pays d'accueil.
6 Les systèmes éducatifs des pays d'origine sont **meilleurs** qu'avant.
7 Le système d'immigration a également changé, puisqu'il privilégie les personnes qui sont **les mieux** qualifiées.

Speaking 9, page 49

In pairs, students discuss whether they agree with the comments of these people. Encourage students to look at the list of phrases which they can use to justify their opinions.

Writing 10, page 49

Students write 240–270 words in French in response to one of the questions. Ensure that students read the information in the advice panel which encourages them to use language which is accurate and complex when writing creative essays.

Plenary

Devise a worksheet with 20 useful phrases for agreeing and diagreeing with someone's point of view, e.g. phrases for agreeing: *abonder dans le sens de quelqu'un, on considère à juste titre que …, c'est un argument de poids* / phrases for disagreeing: *c'est tout le contraire, ce postulat doit être revu, j'y trouve à redire*. Ask students to decide whether they are positive or negative phrases and then ask them to translate them into English.

 Module 2, Activity 5 ▶ Immigration et intégration ▶ La Graine et le Mulet

8 En finir avec la drogue
(Student's Book pages 50–51)

Objectives

t Talk about drugs and drug trafficking

g The pluperfect tense

s Use the correct register of language

Starter

For a homework activity, ask students to find out 20 verbs, phrases or idioms relating to drug addiction. You may want to provide them with some examples to prepare them for the exercises: *la drogue douce/dure* = soft/hard drugs, *s'adonner à* = to become addicted to, *la toxicomanie* = addiction, *avoir la volonté de décrocher* = to have the willpower to kick the habit. At the beginning of the lesson, pool together students' vocabulary on the board.

Reading 1, page 50

Students read the views of the young people and find the equivalent in French for the idiomatic expressions listed.

Answers:

1 perdre le contrôle
2 hypocrite
3 toxicomane
4 consommation
5 l'enfer
6 évanoui(s)
7 lâche-moi les baskets
8 cracher ses poumons
9 jeté(e) de mon appartement
10 je n'avais plus un sou

Reading 2, page 50

Students decide which phrases correspond to which young person. Encourage students to re-read the passages and to check their answers rather than relying on their memory. This is important advice for the reading exam.

Answers:

1 Max
2 Mathieu
3 Vanessa
4 Paul
5 Tina

Reading 3, page 50

Before setting this exercise, ask students to read the information in the advice panel about translation. Then ask students to translate Mathieu's comments into English.

Answers:

I don't really know why my parents worry about my consumption of hash. Sometimes I get together/meet up with my friends on a Saturday. We smoke a joint and watch a video. But I would never touch heroin or anything else. I am not stupid.

Listening 4, page 50

Listen to the interview with Maryse about her daughter Karine and respond to the questions in English.

CD 1 Track 32

– Maryse Hardy a voulu aider sa fille à sortir de la toxicomanie. Elle nous raconte son expérience.

– Avant de commencer à aider ma fille, j'avais voulu m'informer. Je voulais comprendre comment je pouvais l'aider à s'en sortir. J'avais fait pas mal de recherches et je suis tombée sur une association de parents de toxicomanes. Je suis allée à une de leurs réunions et j'ai appris énormément de choses. Ils m'ont expliqué que seul le consommateur lui-même pouvait décider de décrocher. Cette volonté était présente chez ma fille, on était donc sur la bonne piste et j'en étais contente. Ma fille Karine était très dépendante et la désintoxication a été bien longue. Avant de connaître des parents de toxicomanes, je passais tout mon temps à me disputer avec Karine. Mais à chaque réunion des parents me donnaient d'excellents conseils que j'ai essayé de suivre au pied de la lettre, et nos rapports se sont améliorés petit à petit. Dans le passé, j'avais donné de l'argent à Karine à plusieurs reprises, parce qu'elle me faisait de la peine et que je me sentais coupable. On m'a dit qu'il ne fallait absolument pas culpabiliser, qu'il fallait plutôt lui dire que si elle voulait manger, elle n'avait qu'à s'installer à table avec nous.

Avant, on parlait tout le temps de sa dépendance. Après en avoir discuté avec d'autres parents, ils m'ont conseillé d'essayer d'aborder d'autres thèmes, les films, la musique …

Mon mari voulait mettre notre fille dehors et à un moment j'étais d'accord avec lui, mais sachant ce qu'avaient traversé d'autres parents, j'ai compris qu'il était impératif qu'elle reste au sein de la famille. Si on l'avait mise à la porte, elle se serait retrouvée en marge de la société et elle serait tombée encore plus bas.

À vrai dire, toute cette période a été dure, mais ma fille a réussi à changer sa routine, elle a réappris à se lever le matin et à se coucher le soir. Aujourd'hui, elle en a fini avec la drogue …

Answers:

1 She wished to get information about addiction in order to be able to help her daughter.
2 Karine wanted to stop taking drugs which was hopeful, but her addiction was strong and detox took a long time.
3 They argued the whole time.
4 She stopped giving Karine money. She stopped feeling guilty. She tried to talk about other things, films and music for example.
5 He wanted to throw Karine out.
6 She felt that she would be marginalising Karine if she threw her out and that she would get worse.
7 She has been rehabilitated.

Extension exercise: Students listen to the interview a second time. They then put the phrases in the correct order.

a Avant, on parlait tout le temps de sa dépendance.
b Si je l'avais mise à la porte, elle se serait retrouvée en marge de la société.
c Karine était très dépendante et la désintoxication a été bien longue.
d On m'avait dit qu'il ne fallait absolument pas culpabiliser.
e Dans le passé, j'avais donné de l'argent à Karine à plusieurs reprises.
f Seul le consommateur lui-même pouvait décider de décrocher.

Answers:

f   Seul le consommateur lui-même pouvait décider de décrocher.

c   Karine était très dépendante et la désintoxication a été bien longue.

e   Dans le passé, j'avais donné de l'argent à Karine à plusieurs reprises.

d   On m'avait dit qu'il ne fallait absolument pas culpabiliser.

a   Avant, on parlait tout le temps de sa dépendance.

b   Si je l'avais mise à la porte, elle se serait retrouvée en marge de la société.

Writing 5, page 51

Go through the rules of the pluperfect tense in the *Grammaire* panel. Then, ask students to rewrite the verbs in brackets in the pluperfect tense. For further reinforcement of this tense, ask students to copy out the phrases in full and translate them into English.

Answers:

1   Karine **avait essayé** de décrocher mais elle avait **rechuté**.
2   Elle **n'était pas entrée** dans un centre de désintoxication.
3   Elle **s'était mise** à voler.
4   Si Maryse **avait donné** de l'argent à Karine, elle aurait acheté de l'héroïne.
5   Le père de Karine en **avait eu** assez.
6   Maryse et son mari n'**avaient jamais imaginé** qu'ils se trouveraient dans une telle situation.

Reading 6, page 51

Students read through the text and fill in the gaps with the words provided. They should pay attention as there are two words too many.

Answers:

Une large majorité d' (1) **adolescents** ne consomment jamais de drogues. Parmi ceux qui en (2) **prennent**, la quasi-totalité use de drogues douces, et la plupart n'y recourt qu'une fois ou deux pour (3) **essayer**.

D'une manière générale, lorsqu'un adolescent consomme de la drogue, c'est pour les mêmes (4) **raisons** que celles qui incitent un adulte à fumer ou à boire: il veut avoir un sentiment de détente et diminuer ses inhibitions ((5) **vaincre** sa (6) **timidité**, par exemple ou diminuer ses angoisses). Certains adolescents touchent à la drogue pour tester leurs limites. D'autres (7) **souhaitent** vivre quelque chose d'illégal, donc d'excitant … Beaucoup ne savent pas (8) **résister** à la pression des copains. Un petit nombre consomme de la drogue pour explorer de (9) **nouvelles** sensations et connaître ses effets sur leur (10) **corps** et leur psychisme.

Speaking 7, page 51

In pairs, students read through the comments of seven youngsters and decide who is for or against the decriminalisation of drugs. They then discuss who they agree with and why.

Answers:

Christophe = pour
Laëtitia = pour
KitKat = contre
Titouche = pour
Toria = contre
Suzie = contre
Maria = pour

Listening 8, page 51

Students listen to five more youngsters speaking about the same subject and decide who is against the decriminalisation of drugs.

CD 1 Track 33

1
À mon avis, si on dépénalisait les drogues, on ne verrait aucune augmentation du nombre d'usagers.

2
À mes yeux, la répression n'est pas efficace. Il faut légaliser les drogues douces. Regardons comment d'autres pays gèrent le même problème!

3
Pour chaque trafiquant arrêté, un nouveau frappe à la porte. Tant qu'il y a un marché illégal, il y aura toujours de nouveaux trafiquants à se présenter.

4
Le risque c'est qu'on banalise les drogues douces, que ce soit plus facile d'essayer. C'est un risque qu'on ne devrait pas prendre pour nos enfants.

5
Si par le passé on avait donné aux parents les outils de dialogue nécessaires pour éduquer leurs enfants au sujet des dangers de la drogue, l'usage du cannabis aurait été dépénalisé bien plus tôt et on n'aurait pas connu cette augmentation de la consommation chez les ados de plus en plus jeunes.

Answers:

1 = pour
2 = pour
3 = pour
4 = contre
5 = pour

Writing 9, page 51

Students plan a 100 word essay which includes whether they think the use of soft drugs should be decriminalised and whether they are for or against the legalisation of cannabis.

Plenary

Display the question: *Êtes-vous pour ou contre la légalisation du cannabis?* and hold a class debate about the legalisation of cannabis. At the end of the debate, students vote for *(pour)* or against *(contre)* the legalisation of cannabis.

9 La prison, seule option?
(Student's Book pages 52–53)

Objectives

t Examine prisons and alternative forms of penalty

g The conditional tense

s Take a stance/Make a stand against something

Starter

Display the following question: *Est-ce que vous êtes pour ou contre la peine de mort?* Display key vocabulary to assist students in discussing this question and give students three minutes to come up with five advantages and five disadvantages of the death penalty. Explain to students that they should always think of both sides of an argument in order to offer a balanced viewpoint. Students compare their thoughts with their partner and discuss this questions for two minutes.

Speaking 1, page 52

In pairs, students decide which punishment fits the crimes listed and justify their choice.

Listening 2, page 52

Students read through the five sentence starters and optional endings. They then match the sentence starter with the correct ending according to what they hear in the recording. Students may want to make notes first and then answer the questions, or try to match the sentences as they listen.

CD 1 Track 34

– Rémy a un long passé de consommateur et de revendeur de drogue. Après avoir été arrêté, Rémy a eu la surprise de se voir offrir l'occasion de se faire soigner en dehors de la prison.

– La drogue vous contrôle. On n'a pas conscience de ce qu'on fait tant qu'on n'a pas arrêté la drogue. Moi, j'ai commis des vols et des agressions pour avoir de l'argent pour en acheter. C'est quand on arrête qu'on comprend qu'on a fait des bêtises. Mais on ne s'en rend pas compte sur le moment. À mon avis, se faire soigner en dehors de la prison, c'est une très bonne idée. Non seulement je ne suis plus un délinquant, mais je vais à l'université … et je prépare une licence. Je veux travailler dans le graphisme. J'ai une vie différente maintenant. Ça a changé ma vie et ça peut changer celle des gens qui veulent vraiment s'en sortir.

Answers:

1 b, 2 c, 3 a, 4 a, 5 b

Speaking 3, page 52

In pairs, students discuss these points of view and say whether they a) completely agree b) agree to a certain extent or c) don't agree at all.

Reading 4, page 53

Ask students to find ten examples of the conditional tense in the text and translate them into English. This should give you an indication of whether students can identify the conditional tense. Then refer students to the *Grammaire* panel on page 53 and go through the formation of the conditional tense as a class.

Answers:

1 Cela permettrait … – *It would allow …*
2 On devrait … – *We should …*
3 La prison devrait … – *Prison should …*
4 Il y aurait … – *There would be …*
5 Je préférerais … – *I would prefer …*
6 On pourrait … – *We could …*
7 Il faudrait … – *We should …*
8 On ferait mieux … – *It would be better to …*
9 La meilleure solution serait … – *The best solution would be …*
10 On devrait … – *We should …*

Writing 5, page 53

Ask students to write out the verbs in brackets in the conditional tense.

Answers:

1 On croyait que le juge le **condamnerait** à trois mois de prison ferme.

2 Selon une source proche de l'enquête, ils **aboliraient** l'usage des bracelets électroniques l'année prochaine.

3 On dit que vous lui **rendriez** visite au parloir tous les mois.

4 Le juge a dit qu'il **demanderait** une peine de réclusion à perpétuité.

5 Grâce aux empreintes digitales, on **saurait** déjà qui est le coupable.

6 Selon une source, les criminels **se cacheraient** à l'étranger.

Writing 6, page 53

For further reinforcement of the conditional tense and translation practice, ask students to translate the text into French.

Answers:

Beaucoup de gens/personnes préféreraient donner des peines alternatives. Ils pensent qu'il y aurait moins de récidivisme. Le nombre de détenus serait réduit. Ces gens croient qu'on ferait mieux d'essayer de réhabiliter les délinquants. Mais certains pensent qu'on devrait les enfermer et jeter la clé. Selon eux, si l'on enfermait les délinquants, ils comprendraient les conséquences de leurs actes.

Speaking 7, page 53

Ask students to read this article about an unsual prison in Corsica. Ask them to adopt an opinion, write notes on their thoughts and to have a class debate.

Plenary

Students imagine that they have a meeting scheduled with the French President. They should decide on three social issues which affect the country that they would like to speak to him about. Encourage students to focus on topics covered in this unit, e.g. *l'immigration, le racisme, la drogue*, etc. Remind them to use the conditional tense to explain how they believe improvements can be made.

Épreuve orale Module 2
(Student's Book pages 58–59)

Listening 1, page 58

Ask students to listen to the recording and complete the notes from a candidate who has prepared to argue in favour of bringing back capital punishment. It is good practice for students to read the text before they commence a listening activity. They may even wish to make annotations or translations, etc. After

this activity, ask students to read through the advice panel which stresses the importance of delivering a clear, balanced, structured and natural-sounding presentation for the first part of the A2 oral exam.

 CD 1 Track 35

La peine de mort a été abolie il y a longtemps dans beaucoup de pays occidentaux, comme la France et l'Angleterre. Mais la peine capitale existe toujours dans beaucoup d'autres pays du monde. Aux États-Unis la situation est même plutôt compliquée car la peine de mort existe dans quelques États, comme le Texas, mais pas dans d'autres. Aujourd'hui la société est beaucoup plus violente. Malheureusement il y a des actes de terrorisme, comme l'attentat qui a détruit les tours du World Trade Center à New York, et les attentats à la bombe dans le métro à Londres. On a vu des meurtres en série comme dans le cas de ce docteur de Manchester qui a tué des centaines de ses patients. Il y a aussi des crimes affreux commis contre des enfants innocents, des crimes liés à la drogue et des gangs de jeunes qui se promènent armés de couteaux et de revolvers. Tous ces facteurs semblent indiquer que la société est en danger et je suis convaincu qu'il est temps de réintroduire la peine de mort. Pour moi c'est le seul moyen de protéger la société. Si on recommençait à exécuter les criminels les plus dangereux, on pourrait au moins être sûr qu'ils ne récidiveraient pas.

Answers:

- Peine de mort abolie dans les pays occidentaux, ex: France, Angleterre
  mais existe toujours ex: États-Unis, situation compliquée car existe au Texas mais pas dans d'autres États
- Société actuelle est plus violente
- actes de terrorisme, ex: attentat qui a détruit les tours à NY
  série de meurtres, ex: meurtres en série docteur Manchester
  crimes affreux, ex: contre enfants, liés à la drogue, les gangs armés
  La peine capitale = seul moyen de protéger la société
  Criminels ne peuvent pas récidiver / recommencer

Reading 2, page 58

Ask students to read through the arguments for and against the death penalty. They then decide which of these arguments a candidate in favour of capital punishment could use.

Answers:

1, 3, 6, 7, 10, 12

Speaking 3, page 58

Ask students to work in pairs and discuss other arguments that they could use in a debate about the death penalty. Using the whiteboard, you could then collate and brainstorm all the arguments students suggest.

Listening 4, page 59

Ask students to read the four questions so they are prepared for this listening exercise. They should then listen to the recording about the ban on smoking in public places and answer the questions. Questions 1 and 2 are straightforward but questions 3 and 4 ask students to think carefully about the examiner's counter argument and other arguments that could be used which were not mentioned in the recording.

CD 1 Track 36

Récemment, dans plusieurs pays d'Europe, on a introduit une interdiction de fumer dans les lieux publics. Maintenant en Angleterre on voit des gens qui fument devant les pubs, devant les restaurants et les bureaux parce qu'il est interdit de fumer à l'intérieur. En France, en 2007, on a interdit le tabagisme dans les lieux publics comme les gares, les hôpitaux et les magasins, et en février 2008 on l'a interdit dans les cafés, les bars et aussi les restaurants. Actuellement on ne peut plus fumer dans les lieux publics en France. Moi, je suis en faveur d'une telle interdiction parce qu'elle devrait améliorer la santé de tout le monde.

Il y a déjà moins de personnes qui vont chez le docteur ou à l'hôpital parce qu'elles ont des problèmes respiratoires. Chaque année il y a des milliers de gens qui meurent d'un cancer du poumon ou d'autres maladies liées au tabagisme. Mais ce n'est pas seulement les fumeurs qui souffrent. Jusqu'ici les non-fumeurs ont dû avaler la fumée des autres, ce qui peut avoir des conséquences dramatiques sur leur santé. Moi, je suis convaincu que l'interdiction de fumer dans les lieux publics est une excellente idée.

Answers:

1 L'interdiction de fumer dans les lieux publics.
2 en faveur d'une telle interdiction
3 students' own answers
4 students' own answers

Speaking 5, page 59

Explain to your students that it is beneficial to have a bank of key phrases to express opinions before the oral exam. Ask students to read through the useful expressions. You could ask students to translate these expressions into English to ensure that they know their meanings. Then, in pairs ask students to take it in turns to use one of the expressions to form an argument on one of the debates listed. Their partner should act as an adversary (how the examiner is likely to act!) and oppose their argument using the counter-argument expressions listed.

Writing 6, page 59

Students should refer back to exercise 2. For each of the arguments listed, ask students to decide which ones they agree with and to write a phrase including one of the expressions listed. They should check that their argument is solid and contains an example. They could exchange their arguments with their partner and see if they can find any flaws in each other's arguments.

Épreuve écrite, Module 2
(Student's Book pages 60–61)

Writing 1, page 60

In preparation for the translation element of the writing exam, ask students to study the three translations and decide which one is the best. Having chosen the best one, students correct any mistakes.

Answers:

B is the best
A has anglicised syntax and strays too far from the original at times
C has many grammatical errors and is heavily anglicised

Corrections to mistakes: 'la banlieu – should be 'la banlieue, 'Èvidemment' should be 'Évidemment'.

Extension exercise: As an extension activity, you could ask students to correct all the spelling and grammatical errors that they can identify in the two other translations.

Reading 2, page 60

This exercise demonstrates how examiners mark the translation which will appear as question 1 in the writing exam. Explain how each sentence is divided into small sections and that each section must be correct to be awarded a mark. Go through translation A with the class and the mark that it would be awarded out of 17 and then ask students to mark translations B and C independently. Check that all students are in agreement with the marks.

Answers:

A 5/17
B 15/17
C 1/17

Writing 3, page 60

Ask students to translate the text following the advice given. Encourage students to pay particular attention to their use of tenses, adjectival agreements, spellings and accents, making sure their translation is as accurate and as natural sounding as possible and is not anglicised, as is often the case. To offer students support for the translation element of the exam, you could give them several examples of excellent English-French translations.

Answers:

Quand j'étais jeune, j'habitais dans la banlieue d'une grande ville dans le nord du pays mais maintenant ma femme et moi avons une petite maison près de la côte, ce que je préfère. Hier soir j'ai entendu (dire) à la télévision qu'il y avait eu une émeute violente / de violentes émeutes là où j'habitais avant. Une grande foule de jeunes (gens) ont jeté des pierres, ont brûlé des voitures et ont attaqué des commerçants. Quoique / bien que la situation soit calme à présent / le calme soit revenu, la police pense que les manifestants seront encore une fois dans les rues / redescendront / vont redescendre dans la rue ce soir.

Speaking 4, page 61

Before doing this exercise, ask students to read through the advice panel explaining how students should approach the creative writing exam question which asks them to give an imaginative reaction to a picture stimulus. Bearing this advice in mind, students study the picture and respond to the questions.

Writing 5, page 61

Ask students to read the advice panel about the second option for the creative writing element of the exam which is to write a continuation of a story. Then, ask students to write a continuation of the story, either basing it on the plan given, or inventing their own story. Ask a few students to present what they have written.

Listening 6, page 61

Ask students to read the advice panel about the third option for the creative writing element of the exam which is to write a newspaper account based on a headline. Then, ask students to listen to the radio broadcast describing an incident. Ask students to take notes to establish the facts and then write their own version of a newspaper article based on this incident.

You could photocopy the script for your students and get them to highlight information that can be included if the creative writing essay title is about a 'fait divers', a similar armed robbery or incident.

Note: Although there is no listening task in the written exam, this task enables students to practise their listening skills which is often the skill that students find the most challenging.

CD 1 Track 37

– Merci d'écouter Cool FM, il est huit heures, c'est l'heure de notre flash info. On commence aujourd'hui avec un reportage de notre correspondant à Paris, Jean-Marc Cosseron.

– Hier, à deux heures de l'après-midi, un groupe de cambrioleurs est entré dans une banque de la BNP dans le centre de la capitale. Les trois bandits, trois hommes masqués et cagoulés, sont entrés par une des portes de derrière qui avait été laissée ouverte exprès par une employée de la banque. Cette jeune femme, dont on ne peut toujours pas dire le nom, est récemment arrivée de Marseille, et ne travaillait à la BNP que depuis six semaines seulement. La police a fouillé son appartement de la rue du Vieux-Renard dans le 8e arrondissement mais n'a trouvé aucune trace d'elle, ni aucun indice.

Tout s'est passé très vite, en l'espace d'une dizaine de minutes. Les trois hommes ont ordonné aux clients de se coucher par terre. Ensuite ils ont menacé une caissière de leurs armes et lui ont ordonné de remplir leurs sacs d'argent. Un autre caissier, M. Marc Bouchon, 26 ans, a lui été frappé violemment à la tête par l'un des cambrioleurs lorsqu'il a voulu donner l'alarme.

Après avoir récupéré l'argent, les malfaiteurs accompagnés de leur complice ont sauté dans une BMW rouge, qui était garée en face de la banque. La voiture est partie à toute vitesse avant que la police n'arrive. Elle a été retrouvée le soir même, abandonnée sur la route de Versailles. On pense que les individus vont maintenant essayer de se cacher à l'étranger, alors la police a alerté tous les douaniers de tous les ports et aéroports français.

Interrogé plus tard dans la soirée, le directeur de la banque, Monsieur André Plumier, a déclaré «C'est une honte. Ils sont partis avec 750 000 euros. On n'a rien pu faire pour les en empêcher, il y avait beaucoup trop de clients dans la banque, y compris des enfants.» Un porte-parole de la police a tenté de rassurer le public, en disant qu'un tel incident était très rare de nos jours. Néanmoins, c'est le troisième incident de la sorte en six semaines et les Parisiens commencent vraiment à s'inquiéter. Un des otages a déclaré que quelqu'un allait finir par être tué.

Module 3 Questions mondiales

Objectives

Examiner la pauvreté dans le monde	*Examine poverty in the world*
Parler de la transmission du sida et des campagnes de prévention	*Talk about the spread of Aids and campaigns to prevent Aids*
Parler d'un conflit mondial	*Talk about a world conflict*
Comprendre la Résistance en France	*Understand the French Resistance*
Parler d'un génocide	*Talk about genocide*
Parler de l'immigration et des sans-papiers	*Talk about immigration and illegal immigrants*
Débattre du dopage dans le sport	*Discuss the use of drugs in sport*
Parler de la technologie et du futur	*Talk about technology and the future*

Les verbes impersonnels	*Impersonal verbs*
Le discours indirect	*Reported speech*
Le verbe *devoir*	*The verb* devoir
Les expressions avec *avoir*	*Idiomatic expressions with* avoir
Le conditionnel passé	*The conditional perfect tense*
La voix passive	*The passive tense*
La position des adjectifs	*The position of adjectives*
Les pronoms indéfinis	*Indefinite pronouns*

Comment analyser et évaluer	*How to analyse and evaluate*
Écrire une brochure	*Write a brochure*
Écrire un article de journal	*Write a magazine article*
Rédiger des fiches de recherche ou de révision	*Put together research or revision notes*
Améliorer sa prononciation	*Improve your pronunciation*
Écrire une histoire	*Write a story*
Analyser une image	*Analyse an image*
Prendre parti et défendre son point de vue	*Take sides and defend your point of view*
Demander des explications, des précisions	*Ask for explanations and clarification*
Réfuter un argument	*Reject someone's point of view*
Peser le pour et le contre, évaluer les avantages et les inconvénients	*Weigh up the pros and cons; assess the advantages and disadvantages*
Écrire un essai (2)	*Write an essay (2)*

1 Survivre avec moins d'un euro par jour

(Student's Book pages 64–65)

Objectives

t Examine poverty in the world

g Impersonal verbs

s How to analyse and evaluate

Starter

As a homework activity, prior to the lesson, ask students to find out ten facts about poverty in the world. Then ask students to work in pairs and share the information they have gathered in a two-minute discussion.

Listening 1, page 64

Before commencing the listening activity, ask students to read the sentence starters and their possible endings carefully. Then ask students to listen to the report about poverty in the world and complete the phrases.

CD 2 Track 2

Il y a 20 ans, 1,5 milliard de personnes étaient considérées comme très pauvres. Elles sont moins nombreuses aujourd'hui. En revanche, certaines régions comptent de plus en plus de très pauvres.

La très grande pauvreté recule, car il y a aujourd'hui 1,1 milliard de personnes pauvres contre 1,5 milliard il y a 20 ans. Une personne est considérée comme très pauvre lorsqu'elle vit avec moins d'un euro par jour. Pourtant il n'y a pas de quoi se réjouir. Car les pays riches n'aident pas réellement les pays pauvres. Ainsi seulement 50 à 60 milliards d'euros sont consacrés chaque année au développement des pays pauvres. De plus, ces pays sont souvent des pays agricoles. Or les pays riches aident leurs agriculteurs en leur donnant des sommes d'argent. Les agriculteurs des pays pauvres ne reçoivent pas de telles sommes. C'est pourquoi les agriculteurs de ces pays pauvres ne peuvent pas vendre leurs productions aux pays riches. Ainsi, ces pays ne peuvent pas se développer.

De plus, 800 milliards d'euros sont utilisés par les pays pour leurs armées. Que les pays soient riches ou pauvres, ils consacrent une grosse partie de leur argent à leurs armées. Les États-Unis dépensent 16% de l'argent dont ils disposent pour faire fonctionner l'État pour leurs armées, et l'Éthiopie, un pays pauvre, 43%. Alors il ne reste plus guère d'argent pour nourrir, soigner ou éduquer les populations.

Cependant, certains pays se sont développés et moins de personnes sont très pauvres. C'est le cas de la Chine et plus généralement de l'Asie. En revanche, dans d'autres régions du monde, comme en Afrique, les pauvres sont deux fois plus nombreux qu'il y a 20 ans.

Answers:

1 a, 2 c, 3 b, 4 a, 5 c, 6 b

Reading 2, page 64

Students read the three texts and match each of them up to one of the three posters on page 65. Go through the answers as a class as students will need to use these in exercise 3.

Answers:

1 C, 2 A, 3 B

Reading 3, page 64

Students copy the grid as set out in the Student's Book and use the information from the articles in exercise 2 to fill it in.

Answers:

	Thème?	Problème?	Affecte qui / où?	Cause?	Solution?
1	Pauvreté	Accès limité aux opportunités sociales et éducatives et aux possibilités d'emploi	La moitié des deux millions d'habitants de Port-au-Prince – Haïti; les jeunes dans bidonvilles, en particulier	L'absence de services et d'infrastructures	Unesco – jeunes reçoivent une formation; se servent des vidéos car beaucoup de ces jeunes ne savent ni lire ni écrire

| 2 | Malnutrition | Les décès d'enfants | 20 millions d'enfants souffrent en permanence de malnutrition aiguë sévère; dans les pays en développement, 146 millions d'enfants de moins de cinq ans ont un poids insuffisant, soit un enfant sur quatre; soixante millions d'enfants de moins de cinq ans souffrent d'émaciation (près d'un enfant sur dix); l'Asie du Sud, le Sahel, la corne de l'Afrique – la malnutrition et la mortalité infantile sont les plus alarmantes | Malnutrition | Aucune solution mentionnée |
| 3 | L'eau non potable tue | Des millions de morts | 1,8 million d'enfants par an; 1,2 milliard d'êtres humains n'ont pas accès à l'eau potable et 2,6 milliards n'ont pas accès aux conditions élémentaires d'hygiène | Maladies liées à l'eau insalubre et au manque d'hygiène telles que: choléra, typhoïde, hépatite, diarrhée | *Solidarités* envoie des spécialistes de l'eau et de l'assainissement pour améliorer l'infrastructure |

Writing 4, page 64

Ask students to translate the phrases in bold in the articles.

Answers:

La moitié des deux millions d'habitants de Port-au-Prince vivent en dessous du seuil de pauvreté.

Half of the two million inhabitants of Port-Au-Prince live below the poverty threshold.

Les jeunes de ces bidonvilles, en particulier, n'ont qu'un accès limité aux opportunités sociales et éducatives et aux possibilités d'emploi.

Young people in these shanty towns, in particular, only have limited access to social opportunities and education and to job possibilities.

De nombreux jeunes étant illettrés, une solution innovante a été élaborée sous la forme de vidéos d'une durée de 15 minutes.

With many young people being illiterate, an innovative solution was set up in the form of videos lasting 15 minutes.

L'Organisation mondiale de la Santé (OMS) estime à 20 millions le nombre d'enfants souffrant en permanence de malnutrition aiguë sévère.

The World Health Organisation estimates at 20 million the number of children suffering from acute severe malnutrition.

Dans les pays en voie de développement, 146 millions d'enfants de moins de cinq ans ont un poids insuffisant, soit un enfant sur quatre.

In developing countries, 146 million children under the age of five are underweight, that is one child in four.

Chaque année les maladies liées à l'eau insalubre et au manque d'hygiène provoquent huit millions de morts.

Each year, illnesses linked to unhealthy water and to lack of hygiene cause eight million deaths.

La diarrhée, qui se traite facilement chez nous, tue à elle seule 1,8 million d'enfants par an.

Diarrhoea alone, which is easily treated here at home, kills 1.8 million children per year.

En effet, aujourd'hui encore, 1,2 milliard d'êtres humains n'ont pas accès à l'eau potable et 2,6 milliards n'ont pas accès aux conditions élémentaires d'hygiène.

In fact, still today, 1.2 billion human beings do not have access to drinking water and 2.6 billion do not have access to basic hygiene.

Reading 5, page 65

Before doing this exercise, ask students to study the impersonal verbs in the *Grammaire* panel. Using the example phrases as a guide, ask them to write their own phrases for each of the impersonal verbs listed. Then, for exercise 5, students match up the sentence starters and endings and translate them into English.

Answers:

1 f, 2 d, 3 a, 4 b, 5 c, 6 e

Suggested translations:

1 Regarding the Unesco project, it is a question of training young people.
2 Since many young people are illiterate it will be enough to show them the video so that they understand the main idea.
3 It is necessary to find a solution to the problem of malnutrition.
4 It is important that we stop this scourge.
5 It is an absolute must that access to drinking water be universal.
6 It is better to work with specialists on site.

Speaking 6, page 65

Students read the list of opinions and decide on their order of importance. Then, students compare their choices with their partner and discuss any noticeable differences.

Writing 7, page 65

Before students start writing their essay, read through the advice panel as a class. This advice reminds them to give analytical rather than descriptive accounts when speaking and writing. Read the example of a description and an analysis and elicit whether your students have grasped the difference. Now, ask students to write 200 words about poverty in the world and to split their essay into four parts covering the topics listed.

Plenary

Alert students' attention to the advice panel on page 64 which encourages students to note down key statistics that can be used in the oral exam and essays. With this in mind, ask students to find five interesting statistics from this unit and to keep a record of them.

2 Halte au sida!
(Student's Book pages 66–67)

Objectives

t Talk about the spread of Aids and campaigns to prevent Aids

g Reported speech

s Write a brochure

Starter

To introduce the topic of Aids, prepare a wordsearch with key vocabulary which will assist students throughout this unit. Before finding the words listed in the wordsearch, ask students to translate them using a dictionary.

Le sida

O	B	G	R	I	R	E	U	G	N
R	E	N	I	M	A	T	N	O	C
E	Y	M	A	L	A	D	I	E	K
P	D	Q	H	L	U	T	T	E	D
A	B	S	T	I	N	E	N	C	E
R	R	I	N	E	V	E	R	P	X
T	Q	I	V	P	A	D	I	S	H
T	M	E	M	O	T	P	M	Y	S
A	R	P	R	O	T	E	G	E	R
P	E	D	U	C	A	T	I	O	N

ABSTINENCE	GUÉRIR	PRÉVENTION
ATTRAPER	LUTTE	PROTÉGER
CONTAMINER	MALADIE	SIDA
EDUCATION	PRÉVENIR	SYMPTÔME

Speaking 1, page 66

In pairs students discuss whether the five statements about the Aids virus are true or false and then they listen to the recording to check their answers.

CD 2 Track 3

1
Il n'existe pas de vaccin contre le sida.

C'est VRAI. 24 ans après le début de l'épidémie de sida, la science a fait d'énormes progrès mais nous n'avons toujours pas trouvé de vaccin efficace contre l'infection par le VIH.

2
Le VIH est la conséquence de la maladie du sida.

C'est FAUX. Le VIH est le virus responsable de la maladie du sida.

Le VIH (Le Virus de l'Immunodéficience Humaine) est un virus qui cause un affaiblissement du système immunitaire humain à l'origine de la maladie du sida. Une personne séropositive est infectée par le VIH mais ne présente pas toujours de symptômes. L'apparition de maladies opportunistes, infections qui se développent chez les personnes dont les défenses immunitaires sont quasi inexistantes, signifie l'entrée dans le stade sida.

3
Dans le monde, une personne meurt des conséquences du sida toutes les dix minutes.

C'est FAUX. Dans le monde, une personne meurt toutes les dix secondes à cause du sida soit 8 500 personnes par jour. 3,1 millions de personnes sont décédées du sida en 2005, dont 570 000 enfants de moins de 15 ans.

4
Dans le monde, une personne est contaminée par le VIH toutes les six secondes.

C'est VRAI. Pendant les cinq minutes que vous avez prises pour répondre à ce quiz, 50 personnes ont déjà été contaminées par le virus du sida.

5
Plus de 33 millions de personnes sont infectées par le virus du sida dans le monde.

C'est VRAI. Dans le monde plus de 33 millions de personnes sont infectées par le VIH, deux fois plus qu'en 1995. L'Afrique compte plus de 23 millions de personnes infectées et dénombre chaque année trois millions de nouvelles contaminations et 2,1 millions de décès. L'accès aux soins et aux traitements y est encore indécemment rare: seuls 10% des malades ont accès aux traitements antirétroviraux!

Listening 2, page 66

Students listen to the passage and fill in the gaps. To make it a little more challenging ask students to translate the missing words into English.

CD 2 Track 4

Le VIH se transmet via le sang et les fluides corporels, généralement sur une période de trois à dix ans, causant le syndrome d'immunodéficience acquise, ou sida.

Les modes de transmission du VIH sont les suivants:

- La transmission sexuelle reste la plus fréquente. De plus, le risque de transmission sexuelle est d'autant plus important quand le partenaire est à un stade évolué de la maladie.
- La transmission sanguine peut s'effectuer chez les utilisateurs de drogues intraveineuses (partage et réutilisation de seringues

contaminées). Elle peut également survenir lors de transfusions ou de piqûre accidentelle (chez le personnel médical).
- La transmission de la mère à l'enfant. Elle peut s'effectuer lors de la grossesse et/ou au cours de l'accouchement et au cours de l'allaitement maternel.

Aujourd'hui on peut traiter le sida par une combinaison de trois antirétroviraux (on parle de trithérapie).

Answers:

1 le sang – *blood*
2 les modes – *the forms/ways*
3 le risque – *the risk*
4 les utilisateurs de drogues intraveineuses – *intravenous drug users*
5 transfusions – *blood transfusions*
6 de la mère à l'enfant – *transmission from mother to child*
7 la grossesse – *pregnancy*
8 une combinaison – *a combination*

Reading 3, page 66

Students read the five texts. To check their understanding ask them to complete the phrases in English.

Answers:

1 In South Africa, Aids affects one adult in five.
2 In 2010, Aids orphans will number nearly 2 million.
3 Contamination from mother to child for example no longer exists in Europe.
4 HIV/Aids continues its devastation, particularly in Subsaharan Africa.
5 Every day, HIV infects more than 6,800 people in the world.
6 In 2006 MSF treated more than 178 000 patients suffering from HIV/Aids.

Writing 4, page 67

Refer students to the *Grammaire* panel about using reported speech as opposed to direct speech. Using these rules, students rewrite the statements in reported speech. As the advice panel advocates, using reported speech is very useful for reporting facts. Students should ensure that they transform the main verb into the past tense.

Answers:

1 La ministre sud-africaine de la Santé a admis que chacun d'entre nous était concerné directement ou indirectement par le sida.
2 Peter De Greeff a confirmé qu'en Afrique du Sud, le sida touchait un adulte sur cinq ou 5,3 millions de personnes.

3   Kevin Kelly a affirmé que les orphelins du sida seraient près de 2 millions en 2010. Il a ajouté que ces données n'étaient pas chiffrables, mais que c'étaient presque les pires.

4   Aminata Faye a annoncé qu'il fallait barrer la route au VIH, que l'Occident riche et instruit avait réussi à stopper la progression du sida. Elle a ajouté que la contamination de la mère à l'enfant, par exemple, n'existait plus en Europe alors qu'en Afrique des milliers d'enfants naissaient avec le VIH.

5   Le porte-parole de Médecins sans frontières a déclaré à la presse qu'avec près de 40 millions de personnes séropositives estimées dans le monde, le VIH/sida continuait de faire des ravages particulièrement dans les pays d'Afrique subsaharienne, qui concentraient une très large majorité des décès et des nouvelles infections.

Il a précisé que chaque jour le VIH infectait plus de 6 800 personnes dans le monde et que plus de 5 700 personnes mouraient du sida, essentiellement parce qu'elles n'avaient pas un accès adéquat aux services de prévention et de traitement de l'infection VIH.

Il a ajouté qu'en 2006, MSF avait traité plus de 178 000 patients atteints du VIH/sida et fourni des antirétroviraux à plus de 88 000 personnes.

Reading 5, page 67

Students read the ending of this song (On ne badine pas avec la mort) and answer the questions in English.

Answers:

1   It's about the HIV test. Someone is waiting for an HIV test result and getting it – it's negative.
2   frightened, doesn't care about anything else
3   very relieved
4   He/She realises HIV is a real danger and will take it seriously henceforth.

Writing 6, page 67

Students create a brochure about the essential facts related to the Aids virus that will provide general advice to the public. They should include the points listed. For extra guidance, you may want to prepare an example.

Speaking 7, page 67

Introduce a class debate where students have to give their point of view on whether they believe condoms should be accessible in school toilets. Give students two minutes to collate their thoughts and study the vocabulary listed to assist them. Ask students to write notes on their peers' comments in preparation for the plenary.

Plenary

Students use their notes from the class debate to write 100 words summarising the main points raised. Encourage them to be analytical and to use reported speech.

3 La seconde guerre mondiale
(Student's Book pages 68–69)

Objectives

t   Talk about a world conflict

g   The verb *devoir*

s   Write a magazine article; put together research or revision notes

Starter

As a class, students brainstorm vocabulary on the theme of war. This will be useful preparation for exercise 1. Ask students to find ten groups of verbs, nouns, adjectives and adverbs related to the theme of war (*e.g. blesser, blessé, la blessure, se blesser; la paix, pacifique, paisiblement*).

This exercise will encourage students to practise manipulating language to become more independent and fluent in French.

Writing 1, page 68

Students translate the text into English. At first, they should try to do this without a dictionary. Encourage students to try and make sense of the text rather than translate it word for word. For extra tips on translation, students can read the advice panel.

Answers:

The treaties signed after the 1914–1918 war were supposed to ensure lasting peace in Europe, but only established a delicate balance. Opting for war, and counting on the passivity of France and Great Britain, Hitler undertakes in Europe the battles necessary for German expansion, thus dragging the world into the torment of conflict.

On the 3rd September 1939, Great Britain and France go to war with Germany, who, two days earlier, invaded Poland. The Second World War has just broken out.

Writing 2, page 68

Students read through the notes in the *Grammaire* panel which highlights the use of the modal verb *devoir* in various tenses. Following on from this, students complete the six phrases with the correct form of the verb *devoir*.

Answers:

1 On **devrait** respecter les morts de la deuxième guerre mondiale.
2 Les soldats **ont dû** se battre dans des conditions affreuses.
3 Mon grand-père **a dû** partir au front.
4 Il m'a raconté que certains soldats **n'auraient pas dû** être envoyés au combat car ils étaient trop jeunes.
5 Les résistants cachés dans le grenier **ne devaient pas** faire de bruit.
6 Nous **devons** visiter le Mémorial de Caen cet été.

Speaking 3, page 68

Ask students to study the text which contains significant dates relating to the Second World War. Then, in pairs, students discuss the points listed.

Listening 4, page 69

Students listen to the recording of a woman speaking about the difficulties of daily life in France during the war and note down what points she makes about: the French flag, her house, food and coal.

CD 2 Track 5

C'était dur, ah oui, je me rappelle, à l'époque. Moi, je comprenais peu de choses, mais j'ai remarqué que les tricolores avaient été remplacés par les drapeaux à croix gammée. Je n'avais que six ans, mais je me rappelle quand même. On a dû céder une de nos chambres à la maison à un soldat allemand. Je n'ai pas aimé du tout …

Et puis il fallait faire la queue pour avoir de quoi manger. Il n'y avait pas de légumes, pas de fruits, pas de pommes de terre. Tout le monde a maigri. Elles étaient bien longues les files d'attente … Il faisait froid et on n'avait pas de charbon pour se chauffer. Quand je me couchais, je mettais un bonnet et plusieurs gilets. On n'ouvrait jamais les fenêtres …

Answers:

1 qu'ils avaient été remplacés par les drapeaux allemands, par la croix gammée
2 qu'ils ont dû céder une chambre à un soldat allemand
3 qu'il fallait faire la queue pour en avoir
4 qu'il n'y en avait pas

Reading 5, page 69

Students read paragraphs A–F. They then match up the paragraphs to the headlines. Note: As an extra challenge, you could ask students to translate the headlines into English.

Answers:

1 C, 2 F, 3 A, 4 D, 5 B, 6 E

Listening 6, page 69

Before students start the listening exercise, ask them to read the text about *Le maréchal Pétain*. You could ask students to think about the context of the passage and to guess the missing words before they start to listen. Ask students to use their grammatical knowledge to identify if the missing word is a verb, adjective or noun and whether it will need to agree with anything in the sentence.

CD 2 Track 6

1
Le maréchal Pétain (1856–1951)

À 84 ans, le héros de Verdun devient président du Conseil le 16 juin 1940.

Dès le 17, il demande à l'armée française de (1) **cesser le combat**. Chef de l'État français à partir du 10 juillet, il profite de la défaite et de (2) **l'occupation** pour installer un régime politique autoritaire à l'opposé des (3) **traditions républicaines**.

Pétain et ses chefs de gouvernement acceptent de (4) **collaborer** avec les Nazis. C'est avec zèle que (5) **le régime** de Vichy se lance dans la chasse aux juifs et aux résistants.

2
Charles de Gaulle, général et homme d'État. (1890–1970)

Sous-secrétaire à la Défense en juin 1940, il refuse (1) **l'armistice** et lance, de Londres, un appel à (2) **poursuivre** la guerre contre (3) **l'occupant**. Soutenu par Churchill, puis par Staline à partir de 1942 mais tenu en suspicion par Roosevelt, il n'en conquiert pas moins l'hégémonie sur (4) **la Résistance**, qui lui donne la présidence du Gouvernement provisoire de la (5) **République** française en août 1944.

Writing 7, page 69

For this exercise, students research key facts about the Second World War. Students should be encouraged to use a variety of sources and not to rely solely on the Internet. Once students have gathered their information, they should write a newspaper article about the consequences of the war in France.

Note: If the necessary resources are not readily available in class, provide students with the facts which they then use to write the article, or get them to do this exercise as a homework activity.

- hécatombe: 50 millions de victimes, la moitié des civils
  URSS = près de 20 millions de morts, Allemagne = 7m, France = 610 000, Royaume-Uni = 400 000
  La Shoah: le génocide des juifs, 5,6 millions de victimes
- dommages matériels: destructions considérables, bombardements, villes détruites, ports, moyens de communication
- traumatisme: torture, crimes contre l'humanité, camps de concentration nazis
- entrée dans l'ère nucléaire: bombe atomique
  1 bombe Hiroshima = 70 000 morts, Nagasaki 36 000 morts
- l'économie européenne anéantie, fin de l'Europe comme puissance mondiale
  le début de l'opposition entre les deux superpuissances: les États-Unis et l'Union soviétique
  redécoupage carte politique, transfert de population pour faire correspondre nationalités et États
- espoirs: confiance en l'avenir: 1945 création de l'ONU, nouvelle carte, baby-boom, décolonisation
- doutes: perte de confiance en la nature humaine, angoisse d'une guerre nucléaire

Writing 8, page 69

Students write 250–270 words about whether they believe war is a good means to resolve conflicts between nations and justify their opinion.

Plenary

Students create a quiz for their partner about the Second World War. The quiz should test whether they have remembered key dates and facts from the unit without looking at their notes.

4 L'Armée des ombres
(Student's Book pages 70–71)

Objectives

t Understand the French Resistance

g Idiomatic expressions with *avoir*

s Improve your pronunciation; write a story

Starter

Ask students to find out the synonyms for the following verbs either using a dictionary or giving them a choice of answers. Then ask students to translate the verbs into English.

1 lutter contre l'ennemi
2 tuer
3 dénoncer
4 cacher
5 prendre le maquis
6 occuper
7 ordonner
8 déporter
9 unifier
10 collaborer

Answers:

1 résister – *to resist, fight against the enemy*
2 exécuter – *to execute, kill*
3 trahir – *to betray*
4 dissimuler – *to conceal, hide*
5 devenir résistant – *to go underground, join the resistance movement*
6 coloniser – *to colonise, occupy*
7 commander – *to command, order*
8 exiler – *to exile, deport*
9 fusionner – *to merge, unify*
10 coopérer – *to cooperate, collaborate*

Ask students whether they can work out what this unit will cover from the choice of verbs given. Then, ask a student to read aloud the information in the *Culture* panel.

Reading 1, page 70

Ask students to match up the verbs and the expressions and then decide which actions are acts of resistance.

Answers:

1 d, 2 a, 3 f, 4 i, 5 g, 6 e, 7 h, 8 c, 9 j, 10 b

acts of resistance: 1, 2, 3, 4, 7, 8, 9

Listening 2, page 70

Ask students to listen to the report about the film *L'Armée des ombres* and answer the questions in English.

 CD 2 Track 7

L'Armée des ombres a ravivé le douloureux souvenir de l'Occupation, qui a divisé les Français. Certains critiques ont reproché à Jean-Pierre Melville sa fidélité au général de Gaulle. Ce film, c'est la Résistance sans héroïsme, dans son atroce banalité. C'est le quotidien d'un groupe d'hommes et de femmes qui risquent tous les jours leur vie pour des exploits minuscules: transporter des tracts, faire voyager un poste de radio, cacher des hommes recherchés. Tout cela au risque d'être pris, fusillé dans le meilleur des cas, souvent torturé et envoyé dans des camps d'extermination. Le film commence avec l'exécution du malheureux qui a trahi un résistant; il s'achève par l'exécution d'une résistante par ses propres compagnons.

Dans tous les films de guerre, on replace le combat de quelques-uns dans une perspective plus vaste. Les hommes de *Il faut sauver le soldat Ryan* débarquent en France. Le spectateur qui voit mourir des hommes sait, rassuré, que c'est pour une victoire finale. Dans le film de Melville, il y a bien un but, la libération de la France, mais il semble si improbable: les Allemands règnent par la terreur, arrêtent, torturent, exécutent. Chaque petite victoire de la Résistance est payée d'un prix exorbitant. C'est le monde de la peur, du soupçon. Tout le monde se méfie de tout le monde. Chacun, même le plus fidèle, le plus courageux, peut trahir: sous la torture, par jalousie, souvent pour de l'argent. Nous sommes dans le monde réel, impitoyable, que Melville a connu très jeune.

«Ce film, je l'ai porté en moi 25 ans et 14 mois exactement. Il fallait que je le fasse et que je le fasse maintenant, complètement dépassionné. C'est un morceau de ma mémoire, de ma chair.»

a-t-il déclaré lors de la sortie du film.

Answers:

1 It brought back painful memories of the Occupation. Certain critics reproached the director for being loyal to General de Gaulle.
2 It shows the Resistance without heroism, in its terrible banality.
3 Carrying leaflets, transporting a radio set, hiding wanted men.
4 They might be shot, tortured or sent to a concentration camp.
5 It begins with somebody who has betrayed a member of the Resistance being executed and finishes with a member of the Resistance being executed by her comrades.
6 Watching 'Saving Private Ryan' you are reassured knowing that the men die for final victory; with Melville's film there is also a goal, that of liberating France, but it seems improbable that it will happen.
7 because of torture, jealousy, or often for money
8 He carried it within him for 25 years and 14 months exactly. He had to do it and do it completely dispassionately. It's a piece of his memory, of his flesh.

Reading 3, page 71

Before doing this exercise, ask students to read the advice panel which offers useful strategies when approaching long texts to read. Then, as a class, read through the synopsis about the film *L'Armée des ombres* offering support with new vocabulary (see below) as you go along. Having read through the text, ask students to answer the questions in English.

le réseau	*network*
état	*state*
le bras droit	*right hand man*
contrefait	*counterfeit*
le traître	*traitor*
cyanure	*cyanide*
conduire qqn	*to take someone*
remis	*delivered*
lors de	*at the time of*
le fond	*the bottom*
un sous-marin	*submarine*
un champ de tir	*shooting gallery*
écourter	*to cut short*
inattendue	*unexpected*
détenu	*prisoner*
chercher conseil	*to seek advice*
prévenir	*to warn*
la fuite	*the escape*
jeté	*thrown*

Answers:

1 Félix Lepercq
2 in a bar
3 because of Félix's arrest by the Gestapo
4 in order to be arrested and sent to jail with Félix, to warn him of the plan of escape
5 to ask his advice after Mathilde was arrested
6 student's own answer

Extension exercise to Reading 3: To reinforce the reading comprehension activity for exercise 3, ask students to put the following phrases in the correct order to give an accurate account of the story.

Mettez ces phrases dans l'ordre de l'histoire.

a Gerbier et Luc Jardie vont voir Charles de Gaulle.
b Félix choisit la mort.
c Gerbier se cache dans une ferme.
d Mathilde est tuée par ses camarades.
e Le spectateur découvre que Luc est le grand chef.
f Exécution d'un traître: tuer n'est pas si facile.
g Jean-François rend visite à son frère, Luc.
h Gerbier est arrêté.
i Félix est arrêté.
j Mathilde va libérer Félix.
k Mathilde libère Gerbier.
l Jean-François Jardie se joint à la Résistance.
m Mathilde est arrêtée.

Answers:

f, l, g, e, a, i, j, b, h, k, c, m, d

Extension exercise: As an extension exercise, students practise the pronunciation of specific words related to this unit. They could practise with the foreign language assistant, if available.

Listen and repeat:

1 exécu**tion**, arresta**tion**, mi**ssion**
2 éva**sion**, déci**sion**
3 **où**, j**ou**rs, s**ou**pçonné, retr**ou**ver, jal**ou**sement, séj**ou**r, t**ou**t
4 s**u**r, v**u**, déten**u**, L**u**c, exéc**u**té, l**u**mière, pil**u**le, j**u**stesse, r**u**e
5 **im**possible, **im**pensable
6 **in**firmière, **in**transportable, **in**ten**tion**, s**ou**s-mar**in**
7 voit**ure**, tort**ure**, cyan**ure**
8 Allema**gn**e, si**gn**al, Polo**gn**e

Reading 4, page 71

Go through the idiomatic expressions with *avoir* in the *Grammaire* panel and ask students to copy them down and to memorise them. Then, ask students to translate the ten phrases relating to *L'Armée des ombres* into English and find the eight phrases which are true.

1 In Paris, Gerbier had the opportunity to escape.
2 Luc Jardie was in a hurry to leave France.
3 Jean-François Jardie was sick of the Resistance.
4 Mathilde intends to free Félix.
5 Mathilde tries in vain to convince the military doctor, but he repeats that Felix cannot be moved.
6 Gerbier is ashamed to run.
7 The members of the network had had confidence in Mathilde.
8 In order to save her daughter, Mathilde has only to give the names of her friends in the Resistance.
9 Mathilde was in the habit of walking in Paris.
10 The execution of Le Bison took place in a German prison on 16th December 1943.

Answers:

True sentences: 1, 4, 5, 6, 7, 8, 9, 10

Speaking 5, page 71

In pairs, students discuss the points listed about the Resistance and living in this era. Encourage students to use the idiomatic expressions previously studied.

Writing 6, page 71

Ask students to imagine that they are Philippe Gerbier in a Nazi prison. They must write 250–270 words about why they have decided to get involved in the Resistance rather than collaborate with the Nazis. To assist students, you could brainstorm ideas as a class and go through an example plan of how to structure their writing. This will be good practice for the creative writing exam. For further guidance, students can read the advice panel about writing creative essays.

Plenary

Students write a mnemonic for the word *Résistance*. For each letter of *Résistance*, they should think of a word or phrase related to this epoch in history, e.g:

Régime de Vichy
État français
Seconde Guerre Mondiale
Identité
Shoah
Traître
Armée des ombres
Nazi
Collaboration
Extermination

5 Quand le monde tourne le dos …
(Student's Book pages 72–73)

Objectives

t Talk about genocide

g The conditional perfect tense

s Analyse an image; take sides and defend your point of view

Starter

As a homework activity, prior to the lesson, ask students to find a French definition for the word *Génocide* and to prepare a one minute presentation about a time in history when genocide has taken place.

Listening 1, page 72

Students listen to the recording about genocide in Rwanda and put the details into the correct order by inserting the dates listed.

CD 2 Track 8   FPR = Front Patriotique Rwandais

1936
Les Belges en charge du Rwanda-Burundi introduisent des cartes d'identité pour différencier les Hutu des Tutsi.

1962
Une révolution hutu engendre le massacre et la fuite des Tutsi.

1973
Le chef hutu s'empare du pouvoir.

1990
Les rebelles du FPR (principalement des Tutsi) envahissent le Rwanda.

1991
Cessez-le-feu.

6/4/94
Le président est assassiné pour empêcher l'application des accords de paix. C'est le début du massacre des Tutsi.

7/4/94
La MINUAR est en observation.

11/4/94
Déjà des milliers de morts.

21/4/94
Retrait de la MINUAR par le Conseil de sécurité des Nations unies.

mai 94
La Croix-Rouge internationale estime que 500 000 Rwandais auraient été tués. On parle de génocide.

juin 94
Déploiement des forces françaises.

juillet 94
Le FPR s'empare de Kigali. Fin du génocide, bilan: 100 jours, 800 000 morts.

Answers:

1991, 1962, 1936, 11/4/94, 1973, mai 1994,
6/4/94, 1990, 7/4/94, juillet 1994, 21/4/94, juin 94

Extension exercise:
To support students prior to the second listening activity, you could ask them to translate these French phrases into English.

assurer le commandement / prendre le commandement	*to take command*
être dépêché / être envoyé	*to be sent*
belligérants / pays en guerre	*warring countries*
brisé / mal psychologiquement	*broken*
l'enfer / le contraire du paradis	*hell*
un compte-rendu / un rapport	*a report*
la faillite / le contraire de succès	*failure*
maintes fois / beaucoup de fois	*many times*

Listening 2, page 72

Students listen to the recording and complete the phrases with the list of words provided. Encourage students to make sure their sentences make sense rather than relying solely on what they hear.

CD 2 Track 9

Quand le général Roméo Dallaire a été appelé à assurer le commandement de la Force Internationale de maintien de la paix des Nations unies au Rwanda, il croyait être dépêché en Afrique pour aider deux belligérants à trouver un terrain d'entente. Une fois au Rwanda, il découvrit une toute autre réalité. Pris entre une guerre civile sanglante et un génocide impitoyable, le général et ses hommes, une petite troupe, furent bientôt abandonnés, sans aucune ressource, par leurs patries respectives. Pour lutter contre la vague de tueries qui ravageait ce pays, ils ne purent compter que sur leur propre générosité et sur leur courage personnel.

En moins de cent jours, la guerre au Rwanda allait faire plus de 800 000 morts et au-delà de trois millions de blessés et de réfugiés. C'est avec le poids de cette tragédie que le général Dallaire est rentré chez lui au Canada en septembre 1994, brisé et désillusionné.

Il lui faudra sept ans avant de pouvoir commencer à écrire sur ce sujet. Dans *J'ai serré la main du diable*, il raconte l'enfer qu'il a vécu au Rwanda et il n'hésite pas à reconstituer les terribles événements auxquels la communauté internationale a tourné le dos. Son témoignage est un compte-rendu sans concession de la faillite de l'humanité à mettre un terme à un génocide pourtant maintes fois dénoncé.

Answers:

1 Le général Roméo Dallaire est allé au Rwanda pour commander les forces de l'ONU.
2 Une fois sur place il fut pris entre une guerre civile et un génocide.
3 En moins de cent jours, la guerre au Rwanda allait faire plus de 800 000 morts et trois millions de blessés et de réfugiés.
4 Roméo Dallaire a commencé à écrire sur ce sujet après avoir attendu sept ans.
5 Dans *J'ai serré la main du diable*, il raconte l'enfer du Rwanda.
6 Selon lui, la communauté internationale a tourné le dos au Rwanda.

Reading 3, page 72

Students read the *Grammaire* panel which covers the conditional perfect. Then, students read the text and find the five verbs in the conditional perfect tense. They translate these verbs, write out their infinitive and justify the agreement of the past participle.

For more practice on the conditional perfect tense, students can work through the exercises in the Grammar Practice book.

Answers:

1 Aurions-nous pu éviter la reprise de la guerre civile et du génocide?
2 Aurions-nous pu stopper les exécutions?
3 Y aurait-il eu davantage de pertes du côté de l'ONU?
4 Aurions-nous pu réduire la durée de la longue période des exécutions?
5 Oui, nous **les** aurions arrêt**ées** beaucoup plus tôt. (preceding direct object agreement: the pronoun *les* refers to the noun, *les exécutions*, which is feminine and plural)

Suggested translations:

1 Could we have avoided the resumption of civil war and genocide?
2 Could we have stopped the executions?
3 Would there have been more losses on the UN side?
4 Could we have reduced the long period of executions?
5 Yes, we could have stopped them a lot earlier.

Writing 4, page 72

For more practice of the conditional perfect, ask students to translate the text into French and to underline the phrases in the conditional perfect tense.

Answers:

Je me dis sans cesse «**J'aurais pu** faire ceci, **j'aurais pu** faire cela.» Inutile.

Dans un monde idéal, **l'armée serait arrivée** avec la Croix-Rouge. **Nous les aurions accueillis** à bras ouverts.

Si j'avais su comment ce serait, peut-être que **je n'y serais pas allé. Nous n'aurions pas vu** ces scènes si affreuses. Mais les soldats devraient être prêts à confronter l'horreur. Si on nous avait envoyé le matériel militaire nécessaire, **nous aurions pu** stopper les exécutions.

Writing 5, page 73

Students read the passage from the book *J'ai serré la main du diable* and as a class discuss the questions posed. Then, students write an article for a newspaper to summarise the scene of genocide described in the book. Students should recount what their reaction would have been if they were in Brent and Stefan's position.

Speaking 6, page 73

In pairs, students study the poster for peace and analyse it making use of the vocabulary listed. You could ask a few volunteers to present their personal interpretation of the poster to the class and then ask the class to comment on these interpretations.

Speaking 7, page 73

Students choose one of the opinions and prepare their case for a class debate. Remind students that they should be ready to justify their point of view and include facts and figures to support their argument.

Plenary

Ask students to work in pairs to discuss why this unit has been given the title: *Quand le monde tourne le dos*. Then, students feed back their opinions. Praise students who articulate their point well.

6 Un monde qui bouge
(Student's Book pages 74–75)

Objectives

t Talk about immigration and illegal immigrants

g The passive tense

s Ask for explanations and clarification

Starter

Write up the title: *Quitter son pays est une décision difficile*. In pairs, students discuss the following questions:
Quelles raisons pourraient vous pousser à émigrer?
Seriez-vous prêts à émigrer clandestinement? Pourquoi?
Serait-il important pour vous de pouvoir revenir dans votre pays? Pourquoi?
Qu'éprouveriez-vous si vous étiez dans l'impossibilité de revenir dans votre pays?

You may want to provide students with the vocabulary below to support them in structuring their answers:

parce que …; puisque …; car …; par amour; pour le travail; à cause d'une guerre; afin de bénéficier de …; pour des raisons économiques / politiques; le climat; les paysages; le style de vie; la religion; la culture; une meilleure qualité de vie; la langue;

étudier; voyager; fuir; suivre une personne; changer de décor; avoir peur; oui, absolument; tout à fait; bien sûr; non, certainement pas; il en est hors de question; je ne sais pas; je ne suis pas sûre; j'hésite; ça m'est égal

Reading 1, page 74

Students read the six texts and write down the name of the person that each question relates to.

Answers:

1. Fatima
2. Samir
3. Nastia
4. Romain
5. Aurélie
6. Antoine

Listening 2, page 74

Students listen to the story of Kingsley Kum Abang's clandestine experiences and answer the questions in English.

CD 2 Track 10

Je suis l'aîné de ma famille, une grande responsabilité en Afrique. Mon salaire de maître-nageur dans un hôtel de mon pays ne me permettait pas de subvenir aux besoins de ma famille.

À 16 ans je voulais devenir footballeur professionnel dans un club européen. J'avais de l'Europe une image de rêve. C'est pour ça que j'ai décidé d'immigrer clandestinement et que j'ai écrit mes carnets en route. Malgré un naufrage et plusieurs agressions, je ne les ai pas perdus.

J'ai traversé le Cameroun, le Niger, le Maroc. Une fois arrivé en Europe, je me suis senti traité pire qu'un chien. Seuls les SDF m'ont aidé. J'étais tellement désespéré que j'ai voulu rentrer chez moi. Et puis je me suis dit que si Dieu m'avait permis de surmonter toutes ces misères, c'est que quelque chose m'attendait peut-être. Et Cédric Klapisch m'a demandé de jouer mon histoire …

Le tournage a été dur. C'est comme si je revivais tout ça une deuxième fois, mais j'avais accepté ce rôle alors il fallait bien remplir mon contrat.

Maintenant je travaille comme électricien dans une grande banque parisienne mais je garde les pieds sur terre. J'adore toujours le Cameroun, c'est là-bas que je suis bien. Je ne serai pas heureux tant que ma famille au Cameroun ne le sera pas, que mes frères et sœurs n'auront pas de travail.

Answers:

1. He was a lifeguard.
2. He wanted to become a professional footballer.
3. It was a dream.
4. worse than a dog
5. homeless people
6. It was hard.
7. in a bank (as an electrician)
8. He won't be happy as long as his family in Cameroon aren't happy and as long as his brothers and sisters haven't got work.

Reading 3, page 75

Before students read the text, ask them to translate the list of words on the right hand side into English. This is a good technique for gap fill exercises. Then, ask students to fill in the gaps with the words provided. Students should be careful as there are two words too many!

Answers:

Emploi et immigration: vers une convergence des pratiques en Europe?

Ce colloque a été (1) **organisé** par Brigitte Lestrade, professeure à l'université de Cergy-Pontoise. Une analyse de la place actuelle des (2) **étrangers** dans le système productif national des pays européens sera (3) **entreprise**.

L'immigration est (4) **perçue** de façon de plus en plus négative dans la plupart des pays européens. En raison de la relation supposée étroite entre l'immigration et le marché du travail, l'arrivée des travailleurs migrants est souvent rendue (5) **responsable** de l'augmentation du chômage dans les pays d'accueil.

Depuis l'ouverture de l'Union européenne aux pays d'Europe orientale, la peur d'un afflux massif d'une (6) **main-d'œuvre** d'Europe de l'Est bien formée et très bon marché se développe. Dans le cadre d'une bonne conjoncture, les immigrés sont les (7) **bienvenus** pour combler les besoins en main-d'œuvre; en période de chômage et de récession, ils sont perçus comme une menace.

En raison du chômage et de la précarité que l'opinion publique associe à l'arrivée de travailleurs étrangers, la plupart des pays européens ont réduit ou vont réduire l'accès de (8) **nouveaux** migrants au marché du travail.

Reading 4, page 75

Before students do this exercise, ask them to study the *Grammaire* panel on the passive. It may be useful to go through some examples to differentiate active and passive verbs, e.g. active – *Magali fait le ménage*; passive – *Le ménage est fait par Magali*. Then ask students to identify the five verbs in the passive in the text.

Answers:

Ce colloque **a été organisé** par Brigitte Lestrade …
Une analyse **sera entreprise**.
L'immigration **est perçue** …
L'arrivée des travailleurs migrants **est rendue** …
… ils **sont perçus** …

Note: There is one reflexive verb which is used to avoid the passive: la peur d'un afflux massif d'une main-d'œuvre d'Europe de l'Est bien formée et très bon marché **se développe**.

Writing 5, page 75

As further reinforcement of the passive, ask students to rewrite the phrases in the passive.

Answers:

1 Beaucoup de scènes du film ont été coupées.
2 La scène du naufrage par exemple a été coupée.
3 Arrivé en France, Kingsley a été hébergé par des amis.
4 Aux yeux de Kingsley les pays d'Afrique seront toujours gérés par les pays occidentaux.
5 Cédric Klapisch aurait été touché par la lecture des carnets de Kingsley.

Speaking 6, page 75

Focus students' minds by asking them to make two lists under the headings: *Il est justifié de renvoyer les sans-papiers chez eux parce que … / Il n'est pas justifié de renvoyer les sans-papiers chez eux parce que …* Students note down as many arguments as possible under each heading and then think about their personal viewpoint regarding the issues raised. Students then imagine that they are going to attend a conference on immigration and prepare their contribution. The class has a debate in which students present their viewpoint and ask for explanations from fellow students, using three of the phrases listed in the Student's Book.

Plenary

Ask students to imagine they are immigrants in the UK and to make up their life story. They need to include where they are from, why they emigrated, how long they have been in the UK, how they got here, what their situation is now and their plans for the future. Students can include more information if they desire. Students present their life story to the class. The other students should ask one question each about their life as an immigrant. The class then votes for the most believable presentation.

 Module 3, Activity 1 ▶ Immigration et intégration ▶ Les clandestins

7 Héros des temps modernes?
(Student's Book pages 76–77)

Objectives

t Discuss the use of drugs in sport

g The position of adjectives

s Reject someone's point of view

Starter

As a homework activity, ask students to prepare a one-minute presentation about a modern day sports hero that they admire. Ask students to explain why they admire this sportsperson. Students could bring in a picture of him/her to show to the rest of the class. Some students may want to prepare a PowerPoint presentation, etc.

Listening 1, page 76

Students study the notes and key dates about the Tour de France. Then students listen to the recording and fill in the missing information.

 CD 2 Track 11

1790
Découverte du célérifère par le comte de Sivrac. La machine en bois comprend deux roues identiques reliées à une poutre.

5 avril 1818
Parc du Luxembourg à Paris. Le baron Drais présente son invention: la Draisienne.

1855
Expérimentation des premières pédales créées par Ernest Michaux.

7 novembre 1869
Première grande épreuve sur route: le Paris – Rouen. Plus de 100 concurrents au départ.

Février 1888
Belfast. John Boyd remplit l'intérieur des roues avec des tuyaux en caoutchouc pleins d'air: le pneu est né.

1er juillet 1903
Montgeron au sud de Paris: 60 coureurs prennent le départ du 1er Tour de France. Après 18 jours de course et 2 428km, victoire de Maurice Garin.

1905
Apparition des étapes de montagne dans le Tour de France avec l'ascension du Ballon d'Alsace. René Pottier devient le premier «roi de la montagne».

1919
Henri Desgranges, créateur du Tour de France, revêt le premier maillot jaune sur les épaules d'Eugène Christophe.

1930
Création des équipes nationales: cinq équipes de huit coureurs (Belgique, Italie, Espagne, Allemagne, France). Pour la première fois un classement par équipe a été établi. La première caravane publicitaire fait son apparition sur le Tour.

1954
Premier départ du Tour de France de l'étranger, à Amsterdam.

1975
Première arrivée du Tour de France sur les Champs-Élysées.

1986, 1989, 1990
Victoire d'un Américain à Paris: Greg Lemond. En 1989, le Tour s'est joué à huit secondes sur plus de 4 000km!

1995
L'Italien Fabio Casartelli fait une chute mortelle dans les Pyrénées.

Le cycliste espagnol Miguel Indurain Larraya devient le premier coureur à remporter cinq Tours de France consécutifs.

2005
Lance Armstrong achève sa carrière sur une septième victoire consécutive au Tour de France. Ceci est d'autant plus impressionnant que le sportif avait été traité pour un cancer des testicules en 1996, mais sa réputation est également ternie par des suspicions de dopage qui persistent après le départ.

2007
Le tour rattrapé par le dopage. Le maillot jaune est exclu du Tour de France, soupçonné de dopage …

Answers:

1790	Premier vélo en **bois**
1855	Premier essai avec des **pédales**
1869	Première course cycliste avec 100 concurrents
1888	Naissance du **pneu** en caoutchouc
1903	Premier Tour de France: **18** jours, **2428** km
1905	Premières étapes de **montagne**
1919	Premier maillot **jaune**
1930	Premières **équipes** nationales
	Première caravane **publicitaire**
1954	Premier départ du Tour de France de l'étranger (Amsterdam)
1995	Miguel Indurain est le premier à remporter **cinq** Tours de France consécutifs
2005	Lance Armstrong gagne son **septième** Tour de France consécutif

2007   Des soupçons de **dopage** persistent toujours sur le Tour.

Reading 2, page 76

Students read the report about doping and for each question summarise Isabelle Queval's arguments/ responses.

Reading 3, page 76

Students re-read the report and write down which of the six sentences are true.

Answers:

2, 3, 4, 6, 7, 10

Reading 4, page 77

Ask students to study the *Grammaire* panel which highlights the position of adjectives. Then, ask students to read the text and explain the position of the adjectives in bold. For further practice, students could complete the activities in the Grammar Practice book in the section *Les Adjectifs*.

Listening 5, page 77

It is a good idea for students to read through the points before doing the listening exercise. Then, ask students to listen to the young man speaking about the world of sport and doping and make notes on the four points listed.

CD 2 Track 12

Aujourd'hui, les cas de dopage se multiplient et font la une des médias jour après jour.

Le «sport business» brasse depuis plusieurs années des sommes d'argent faramineuses qui obligent à la performance, quelqu'en soit le prix. Chacun a un rôle à jouer: joueur, entraîneur, coach, parents, éducateur, président, médias et spectateurs. Le sport est devenu au fil des ans un «sport spectacle».

Les médias raffolent des jeunes stars et valorisent leurs performances extraordinaires. La société actuelle, de manière générale, se construit autour de ce phénomène et a tendance à mettre sur un piédestal les gens les plus performants. Cela pousse d'une certaine façon les prétendants au titre à atteindre la performance par tous les moyens.

Il convient de dire également que n'importe qui peut se procurer très facilement des produits, sur Internet ou par d'autres moyens. Les laboratoires pharmaceutiques n'ont-ils pas également un rôle à jouer? Ne se font-ils pas un profit sur le dos des plus vulnérables? Il faut se poser la question.

Les fédérations ont de la même manière un rôle à jouer, un rôle de sensibilisation auprès des jeunes, un rôle d'éducation sur les dangers encourus. Trop d'instances ou de clubs y voient leur intérêt et préfèrent fermer les yeux.

Effectivement, le pouvoir de l'argent et de la reconnaissance est trop fort. Qui n'a jamais rêvé de ressembler à son idole, d'être à sa place? Les sportifs de haut niveau sont des exemples pour les jeunes: il suffit de regarder les sommes astronomiques que les grandes marques sont prêtes à dépenser pour les avoir sous contrat.

Le sport professionnel est donc devenu un «sport spectacle», générant des profits comme toute entreprise. Il faut en tenir compte, c'est désormais une réalité. Cela n'entraîne pas que des désavantages, mais le dopage en constitue un majeur.

Le spectateur est le premier concerné: c'est lui qui paie sa place pour voir une rencontre sportive et vient pour voir du spectacle, pour assister aux prouesses réalisées par ses joueurs, par son équipe. Lui aussi doit se remettre en question, car il est souvent le premier à retourner sa veste pour critiquer les athlètes ayant recours au dopage.

Answers:

- les raisons pour lesquelles les cas de dopage se multiplient
  - des sommes d'argent faramineuses qui obligent à la performance
  - la société actuelle, de manière générale, se construit autour de ce phénomène et a tendance à mettre sur un piédestal les gens les plus performants
  - n'importe qui peut se procurer très facilement des produits
  - le sport professionnel est devenu un sport spectacle, générant des profits comme toute entreprise
- le rôle des laboratoires pharmaceutiques
  - facile d'acheter des produits
  - laboratoires font du profit sur le dos des plus vulnérables
- le rôle des fédérations
  - un rôle de sensibilisation auprès des jeunes
  - un rôle d'éducation sur les dangers encourus
- le spectateur
  - vient pour voir du spectacle
  - critique les athlètes ayant recours au dopage

Speaking 6, page 77

Ask students to read the text and decide whether they agree with this point of view. Students then prepare their argument for a debate with a partner or as a class.

Writing 7, page 77

Ask students to write a 250-word article summarising the arguments used in the debate from exercise 6. Encourage students to try to incorporate some of the useful phrases listed in the advice panel.

Plenary

Ask students to write ten sentences using as many words as possible from the list of words and phrases on page 77. The student who has used the most of these words and phrases appropriately in his or her sentences wins!

8 Jusqu'où irons-nous?
(Student's Book pages 78–79)

Objectives

- **t** Talk about technology and the future
- **g** Indefinite pronouns
- **s** Weigh up the pros and cons; assess the advantages and disadvantages; write an essay (2)

Starter

On the board, write the title: *Comment la technologie a-t-elle changé notre vie?* Ask students to work in pairs and come up with as many technological transformations that have changed our lives as possible, e.g. *les ordinateurs, les portables*, etc.

Speaking 1, page 78

Ask students to read the scenarios and discuss in pairs whether they are probable or not. Encourage students to use the expressions listed when preparing their responses and to read the *à l'examen* panel about using the appropriate register for formal and informal discussions.

Listening 2, page 78

Students study the six pictures on page 78. Then they listen to the descriptions of six different robots and match each description to the appropriate picture.

CD 2 Track 13

1
Cette chaise roulante sera bientôt la meilleure amie des personnes à mobilité réduite. Via un

appareil à reconnaissance vocale, l'utilisateur demande au bras mécanique de lui ouvrir une porte ou de lui servir un verre.

2
Ce robot est le roi de l'équilibre: en marche comme à l'arrêt, ses détecteurs l'empêchent de tomber. D'autres capteurs lui permettent de repérer les obstacles. Ce mode de locomotion est une alternative originale.

3
Ce robot met la table, remplit le lave-vaisselle ou range les courses grâce à ses deux bras qui reproduisent les mouvements de leurs modèles humains.

4
L'utilisation de ces machines américaines augmente la sûreté et la réussite des opérations. La précision des membres robotisés et la miniaturisation des instruments réduisent la taille des incisions et diminuent les saignements.

5
Ce sympathique infirmier japonais peut soulever un mannequin de 15kg en toute sécurité grâce à des bras recouverts de capteurs sensitifs.

6
Transféré depuis le Japon dans un laboratoire à Toulouse, ce robot constitue chez nous la première plate-forme de recherche en robots humanoïdes.

Answers:

1 c, 2 a, 3 b, 4 d, 5 e, 6 f

Reading 3, page 78

Before reading the text ask students to translate the list of words on the right hand side. Then, ask students to read the text and fill in the gaps with these words. Point out that students will not need all of the words listed.

Answers:

En règle générale le jeu vidéo est montré du doigt et décrié parce que certains médias, psychologues ou (1) **autres** ont décidé que ces activités vidéoludiques étaient (2) **néfastes** et vraiment pas recommandables. Alors pour une fois qu'une étude parle positivement du jeu vidéo, (3) **on** ne va pas s'en priver!

Le très sérieux site de CNN vient de révéler les résultats d'une enquête aussi étrange que stupéfiante sur les liens de cause à effet entre l'adresse des (4) **chirurgiens** et la pratique du jeu vidéo. Il vient d'être prouvé que les chirurgiens qui jouent à des jeux vidéo sont beaucoup plus efficaces que (5) **ceux** qui

n'y jouent pas. En effet, selon ladite enquête, sur 33 chirurgiens (6) **interrogés**, les neuf qui s'adonnent aux jeux vidéo trois heures par semaine au minimum ont réalisé 37% moins d'erreurs que leurs confrères non gamers et ont accompli leurs (7) **opérations** 27% plus vite. Mais ce n'est pas (8) **tout**, les pratiquants ont obtenu un score 42% supérieur aux non pratiquants lors du test de chirurgie.

Reading 4, page 79

Having read the text in exercise 3, students complete the English sentences.

Answers:

1 The general attitude towards video games is negative.
2 CNN has just revealed the results of a study on the link between a surgeon's skill and the use of video games.
3 According to the study the nine out of 33 surgeons who play games three hours a week made 37% fewer errors.
4 Furthermore, they completed their operations 27% more quickly.

Writing 5, page 79

Before doing this exercise, ask students to study the *Grammaire* panel which focuses on the use of indefinite pronouns. Then ask students to translate the sentences into French using the appropriate indefinite pronoun.

Answers:

1 En 2100 **chacun d'entre nous** aura un robot domestique.
2 **Certains** en auront trois.
3 **D'autres** en auront peut-être cinq!
4 **Plusieurs d'entre nous** rouleront à l'hydrogène.
5 **Quiconque** voudra visiter une station spatiale pourra le faire en 2052.
6 **N'importe qui** pourra localiser **quelqu'un n'importe où**.

Speaking 6, page 79

In pairs, students discuss what information they could expect to see on the television and hear on the radio in 2050. They then make up a news bulletin for each of the headlines listed.

Listening 7, page 79

Before they listen to the recording, ask students to read the three points that they will be writing notes on. Then ask them to listen to the recording about internet sites such as Facebook and to make notes on these three points.

CD 2 Track 14

Internet: amis ou espions?

Les sites Internet sur lesquels on peut retrouver ou se faire des amis sont pointés du doigt pour les risques qu'ils pourraient faire courir aux internautes …

MySpace, Copains d'avant, Facebook … ces sites de retrouvailles, d'échanges d'informations privées et de regroupement d'amis font un tabac actuellement. Mais attention, beaucoup d'entre eux peuvent présenter des risques pour leurs utilisateurs. Sur ces sites, les internautes donnent des informations sur eux qu'ils ne donneraient jamais dans la rue … Âge, profession, activités, sports, photos, préférences personnelles… Tout y passe! Certains de ces sites dits de «socialisation» stockent les données personnelles des internautes et refusent parfois de les détruire. En effet, ces informations valent de l'or. Elles sont rachetées par des entreprises pour faire de la publicité à outrance (spams) ou volées par des pirates informatiques pour faire circuler des virus ou récupérer des mots de passe … Ainsi, sur *Facebook* par exemple, il est actuellement impossible de retirer toutes les informations qu'un internaute y a placées. Le site conserve toutes les données, même si la fiche de l'internaute est invisible à tous les autres utilisateurs. Or, 250 000 personnes s'inscrivent sur *Facebook* chaque jour selon le site … Des chiffres qui doivent faire rêver les spammeurs.

Answers:

- les sites mentionnés: MySpace, Copains d'avant, Facebook
- les informations que l'on trouve sur ces sites: Âge, profession, activités, sports, photos, préférences personnelles
- l'usage qu'en font les entreprises, les pirates informatiques: les entreprises font de la publicité à outrance (spams), les pirates informatiques font circuler des virus ou récupèrent des mots de passe

Speaking 8, page 79

Ask students to prepare some notes about what they think about the idea of a biometric identity card. Then have a class debate with students using what they have prepared to put forward their point of view.

Writing 9, page 79

Before approaching this writing activity, ask students to read the advice in the *à l'examen* panel which offers a practical guide of how to plan a discursive essay. Then ask students to write 240–270 words on the question 'Technology … curse or blessing?'.

Plenary

Give students two minutes to brainstorm an invention that they would like to see in the near future. They can be as creative and non-realistic as they like but should describe their invention. Each student should draw a picture of his or her invention in order to demonstrate it to the rest of the class. Students should vote for the best invention and should justify their vote.

 Module 3, Activity 2 ▶ Technologie ▶ La technologie, en a-t-on vraiment besoin?

 Module 3, Activity 2 ▶ Technologie ▶ L'espace

Épreuve orale Module 3
(Student's Book pages 84–85)

Speaking 1, page 84

Ask students to read the comments in the advice panel which encourage students to formulate strong arguments that they can defend and justify. Bearing this in mind, students should read the list of expressions and decide which ones they could use in their debate in the oral exam.

Answers:

1, 4, 6, 8, 9, 12, 13,15,17,18,19, 21

Note: Students should be encouraged to use the formal *vous* form to address the examiner. However, if centres feel that this is going to confuse candidates, then the *tu* form is acceptable.

Listening 2, page 84

Ask students to listen to the start of a debate between a candidate and an examiner. They should note down the theme of the debate, the position taken by the candidate and what her arguments are. In preparation for the next exercise, you could also ask your class how well this candidate has performed in their opinion. They should justify their reasons.

CD 2 Track 15

À mon avis, on ne devrait pas permettre aux adolescents de conduire une voiture. Il est actuellement possible de commencer à conduire une voiture quand on est assez jeune. En France on peut obtenir le permis de conduire à 18 ans, et on peut même prendre le volant avant cela, à 16 ans, grâce au système de conduite accompagnée: on peut conduire si on est avec un adulte. En Angleterre on peut conduire à

17 ans. Pour moi, c'est trop jeune. L'épreuve qu'on doit passer avant d'avoir le permis est trop facile. On fait un petit test écrit et puis on conduit avec un examinateur pendant à peu près 30 minutes. Quand on obtient le permis on n'a jamais conduit la nuit, on n'a jamais conduit sur une autoroute, on n'a jamais conduit dans de mauvaises conditions ou à grande vitesse. Il n'est pas surprenant que les jeunes conducteurs soient responsables de la plupart des accidents de la route. Quand une jeune personne irresponsable se met derrière le volant, une voiture peut devenir une arme dangereuse. Beaucoup de jeunes hommes essaient d'impressionner les autres en roulant trop vite. À mon avis, il faudrait attendre l'âge de 21 ans pour avoir le droit de conduire.

Answers:

1 le permis de conduire / l'âge auquel on peut commencer à conduire
2 contre le fait qu'on autorise les adolescents à conduire une voiture, pour le droit de conduire à 21 ans.
3 • à 16–18 ans, on est trop jeune pour commencer à conduire
   • l'épreuve est trop facile: un petit test écrit, 30 minutes avec un examinateur
   • quand on obtient le permis on n'a jamais conduit la nuit, on n'a jamais conduit sur une autoroute, on n'a jamais conduit dans de mauvaises conditions ou à grande vitesse
   • jeunes hommes essaient d'impressionner en roulant vite

Speaking 3, page 85

Ask students to re-read the notes they have taken for exercise 2 and to work in pairs to discuss: what position the examiner should adopt and the arguments that they think the examiner had to use throughout the course of the debate. This exercise is very important as it forces students to look at the debate from the examiner's perspective, which they must do in order to be prepared for their own debate.

Listening 4, page 85

Ask students to listen to the next part of the debate which focuses on the arguments raised by the examiner. Then, ask students if they had thought of any of these counter arguments and how they would respond to them if they were the candidate.

CD 2 Track 16

– **Je comprends ce que vous voulez dire, mais** à mon avis on ne va pas améliorer la situation en faisant ce que vous suggérez. **Permettez-moi de vous faire remarquer qu'**il y a beaucoup de très bons conducteurs qui sont jeunes, les meilleurs ont un comportement plus responsable que beaucoup d'adultes.
– Vous oubliez que d'après différentes enquêtes publiées récemment …
– **C'est très intéressant mais moi je pense le contraire**. Il faut donner des responsabilités aux jeunes. **Admettez qu'**à l'âge de 17/18 ans on peut faire toutes sortes d'autres choses: on peut travailler, se marier, s'inscrire à l'armée, alors pourquoi pas conduire?
– Certes, mais est-ce qu'à 18 ans on a vraiment conscience du danger …
– J'admets que vous avez raison sur l'épreuve mais jusqu'à un certain point. Sans doute est-elle trop facile … Alors, à mon avis, il vaudrait mieux rendre l'épreuve plus difficile.
– À mes yeux, ce n'est pas suffisant de seulement se limiter à …
– Il est vrai qu'un certain nombre d'accidents sont causés par des jeunes irresponsables, mais ce n'est vrai que pour une minorité. **Vous oubliez un point très important:** il n'est pas juste de punir tous les jeunes pour les erreurs d'une petite minorité. Moi, j'estime qu'on devrait sanctionner plus sévèrement ceux qui commettent des infractions.
– Je partage votre opinion sur ce point, cependant mieux vaut prévenir que guérir comme on dit…
– **Vous ne tenez pas du tout compte du fait qu'**il y a beaucoup d'autres causes d'accidents: la vitesse, l'alcool au volant, le mauvais état des routes, les conditions météorologiques et même parfois un conducteur qui tombe malade au volant …

Answers:

Students' own answers

Listening 5, page 85

Ask students to note down which expressions from exercise 1 the examiner has used in the debate. You may wish to play the recording again to help students.

Answers (phrases in bold in the transcript):

4, 6, 12, 13, 18, 21

Speaking 6, page 85

Ask students to work in pairs and to give their opinions on the themes listed. Students could take it in turns to act as the candidate who is defending and justifying his or her point of view and the examiner who is offering a counter argument. They should then develop the debate into more of a discussion as the advice panel highlights.

Épreuve écrite Module 3
(Student's Book pages 86–87)

Writing 1, page 86

Read through the advice panel with your students explaining the translation task in the Unit 4 paper. Then, bearing this advice in mind, students translate the passage into French.

Answers:

Au début de la guerre nous habitions à Londres où mon père était professeur. Un soir notre maison a été / fut détruite par une bombe qui est / était tombée au milieu de la rue. (Alors que) Nous rentrions / revenions d'un concert à l'école de mon père et nous avons vu que tout le bâtiment avait été vraiment / bien endommagé. On nous a dit qu'il valait mieux partir alors nous sommes allés loger / habiter chez nos grands-parents à la campagne. Plus tard ma mère a regretté notre départ, et elle pensait que nous aurions dû rester en ville.

Reading 2, page 86

Ask students to swap their translation with that of their partner and to correct and grade it. They should allocate one point per correct section. It is good practice to familiarise your students with the mark scheme so that they are aware of how their paper will be marked.

Reading 3, page 87

Read the information in the advice panel about presenting a balanced argument. Then, as a class, revise how students are expected to structure their discursive essay: introduction, arguments for, arguments against and conclusion. To practise this, students read the exam question and decide in what part of the essay they could include the sentences listed.

Answers:

1 intro, 2 pour, 3 pour, 4 contre, 5 intro, 6 conclusion, 7 contre, 8 pour, 9 conclusion, 10 pour, 11 contre, 12 contre, 13 pour, 14 contre

Writing 4, page 87

This exercise reminds students that they should spend a few minutes planning their discursive essay and the points they want to include. Ask students to read the exam question and then help complete the candidate's unfinished plan.

Answers:

Introduction

Arguments pour: vrai, les jeunes ne s'y intéressent pas assez; très peu de jeunes votent lors des élections; ceux qui ont moins de 16 ans ne s'y intéressent pas parce qu'ils n'ont pas le droit de voter

Arguments contre: faux, certains jeunes s'y intéressent un peu; souvent ce sont les étudiants qui sont les plus actifs dans le monde de la politique; les jeunes font beaucoup pour aider les organisations caritatives

Conclusion

Writing 5, page 87

Ask students to choose one of the three subjects. They then prepare an essay plan for this subject and proceed to write the essay.

Module 4 Traditions, croyances et convictions

Objectives

Question d'éthique: le clonage	*Cloning – a moral issue*
Question d'éthique: les OGM	*Genetic modification – a moral issue*
Question d'éthique: l'euthanasie	*Euthanasia – a moral issue*
Parler de la spiritualité et de la religion	*Talk about spirituality and religion*
Parler des fêtes et des traditions	*Talk about festivals, public holidays and traditions*
Examiner le statut et les droits des femmes	*Examine women's status and rights in society*
Examiner les motivations des travailleurs humanitaires	*Examine the motivations of humanitarian workers*
Aborder l'altermondialisme	*Join the anti-globalisation movement*

Le subjonctif (1)	*The subjunctive (1)*
Le subjonctif (2)	*The subjunctive (2)*
Le subjonctif passé	*The perfect subjunctive*
L'imparfait du subjonctif	*The imperfect subjunctive*
Les verbes suivis de l'infinitif	*Verbs followed by the infinitive*
L'infinitif passé	*The perfect infinitive*
Éviter l'usage du subjonctif	*Avoid the subjunctive*
Les constructions avec *si* (1)	Si *clauses (1)*
Les constructions avec *si* (2)	Si *clauses (2)*

Vérifier son travail	*Check your work*
Préparer un exposé oral	*Prepare a talk (an oral exposé)*
Peser le pour et le contre	*Weigh up pros and cons*
Utiliser des expressions idiomatiques	*Use idiomatic expressions*
Utiliser des statistiques	*Use statistics*
Exposer son point de vue	*Explain your point of view*
Raconter une histoire en utilisant son expérience personnelle	*Recount a story using your own personal experiences*
Défendre son point de vue	*Defend your point of view*
Traduire de l'anglais au français	*Translate from English into French*
Utiliser son imagination	*Use your imagination for creative writing*
Évaluer les avantages et les inconvénients	*Assess advantages and drawbacks*

1 Manipuler le vivant, est-ce bien raisonnable?

(Student's Book pages 90–91)

Objectives

t Cloning – a moral issue

g The subjunctive (1)

s Check your work

Starter

Display the objective for this module: *Questions d'éthiques*. Ask students to work in pairs and come up with as many controversial moral issues as possible in two minutes, e.g. *le clonage, l'euthanasie, le OGM, la peine de mort, l'avortement*, etc.

Speaking 1, page 90

In pairs, students arrange these significant discoveries into chronological order. They then listen to the recording and check their answers.

CD 2 Track 17

En 1895, l'invention du rayon X bouleversa le monde de la médecine.

Ensuite, c'est en 1898 que Marie Curie découvrit le radium, une découverte faite lors de sa thèse sur la radioactivité.

En 1953, Watson et Crick lèvent le voile sur le secret de la structure de l'ADN.

Deux ans plus tard, on commence à greffer des organes, ce qui veut dire que l'on est maintenant capable de remplacer un organe malade par un organe sain.

En 1973, la science fait un bond en avant en réalisant la première manipulation transgénique.

Il faudra attendre cinq autres années pour que l'idée d'un cœur artificiel devienne réalité.

Dix ans plus tard, en 1988, la pilule abortive est disponible sur le marché.

En 1996, première réussite dans le clonage avec la naissance de la brebis Dolly, le premier mammifère cloné de l'histoire.

Answers:

Le rayon X est inventé en 1895.
Le radium est découvert par Marie Curie en 1898.
La structure de l'ADN est découverte en 1953.
La première greffe d'organe a lieu en 1955.
La première manipulation transgénique est réalisée en 1973.
Le cœur artificiel est mis au point en 1978.
La pilule abortive est disponible en 1988.
Dolly, le premier clone est né en 1996.

Speaking 2, page 90

Before doing this exercise, ask students to study the pronunciation panel which lists words containing vowels that are tricky for English people to pronounce. Students then listen to the recording and repeat the phrases to practise their pronunciation skills.

CD 2 Track 18

– Il y a des gens qui croient qu'on peut cloner les humains.
– Ça veut dire quoi?
– Ça veut dire qu'on fait des copies de morceaux de toi qui serviront de pièces de rechange quand tu es malade.
– C'est déjà interdit de copier sur son voisin, alors se copier soi-même.
– C'est très égoïste.

jouer
puisque
mais
maîtriser
essayer
taux
peau
oiseau
noyau
biologie
embryonnaire
heureux
cœur

Listening 3, page 90

Students listen to the recording and answer the two questions in French.

CD 2 Track 19

Cloner, c'est reproduire à l'identique. Il existe deux formes de clonage.

Le clonage thérapeutique: Il s'agit de fabriquer un embryon à partir de cellules. Mais cet embryon ne se développera jamais pour devenir un enfant. Il est une sorte de réserve de cellules qui pourraient être transformées, par exemple pour soigner les organes malades de la personne à laquelle on aurait prélevé les cellules.

Le clonage reproductif: Il s'agit de fabriquer à partir d'une cellule prélevée sur un homme ou une femme un embryon que l'on réimplantera dans le ventre d'une femme. Au terme de la grossesse, un enfant naîtra, copie de l'homme ou de la femme auquel on aura prélevé la cellule.

Answers:

Le clonage thérapeutique:

On met des cellules de côté qu'on pourrait utiliser plus tard pour guérir un organe malade par exemple.

Le clonage reproductif:

On fabrique un embryon qui sera une copie exacte de la personne à laquelle on a prélevé la cellule.

Reading 4, page 90

Students read the young people's views on cloning. They decide whether each person is for (*pour*), against (*contre*) or if their opinion is split (*avis partagé*). They then decide who they agree and disagree with and justify their reasons. Students refer to the advice panel which encourages them to note down specialised vocabulary.

Note: Students should state whether each argument is a moral, an economic or a philosophical argument. This will help them to brainstorm different aspects of the questions and help them to organise their ideas, which is good preparation for essay-writing.

Answers:

Céline: contre
David: contre
Julien: contre
Jeanne: avis partagé
Salima: pour
Rose: contre
Clarisse: pour
Abdel: avis partagé
Marek: pour

Reading 5, page 91

Ask students to translate the twelve words in the box into English. Then, ask them to read the article and fill in the blanks with the words provided.

Answers:

À tester de nouveaux médicaments

À partir de (1) **cellules** souches embryonnaires, on peut obtenir des muscles, de la peau ou encore des neurones. Cela permet aux chercheurs d'(2) **étudier** le développement d'une (3) **maladie** dans un tube à essai et d'essayer de nouveaux (4) **traitements** jusqu'à ce que l'un d'eux s'avère (5) **efficace**.

À soigner des organes (6) **endommagés**

En reprogrammant les cellules d'un patient en cellules souches (7) **embryonnaires**, on peut obtenir des morceaux d'(8) **organes**. L'objectif est de pouvoir greffer ensuite ces tissus chez le (9) **patient** au moment où il en a besoin (après un accident cardiaque par exemple).

Reading 6, page 91

You may want to revise the subjunctive before doing this exercise. You can use the exercises in the Grammar Practice book and highlight the common irregular verbs listed. Then, ask students to put the verbs in brackets into the subjunctive.

Answers:

1 Il est capital que l'on **arrête** toutes les recherches sur le clonage humain.
2 Il faut faire des recherches pour qu'on **puisse** traiter les maladies incurables.
3 J'ai peur qu'un fou dangereux **ne se clone**.
4 Le gouvernement recommande que le clonage **soit** réglementé.
5 Je crains que le clonage **ne transforme** le monde.
6 Ce laboratoire ne fait rien qui **soit** illégal.

Speaking 7, page 91

In pairs, using the key phrases, students give their opinion on the different types of cloning listed.

Note: Highlight the information in the *à l'examen* panel about choosing a topic which is controversial to promote discussion. It's important that students do not choose an issue that cannot be countered. They have to be able to have a discussion weighing up the arguments for and against.

Writing 8, page 91

Before doing this writing activity, ask students to read the advice panel about writing a discursive essay. Then, ask students to write 240–270 words about whether they believe one has the right to create and kill cells uniquely for medical purposes. Students should then read the advice in the second *à l'examen* panel which encourages students to check through their written work for mistakes. Ask students to put this into practice and check carefully for any mistakes in their discursive essay. Then, they should swap their books with their partner to see if they can spot any mistakes. This activity will encourage collaborative learning that should be taking place at A level.

Plenary

Conclude the lesson by combining two objectives of the unit: Expressing opinions about cloning and using the subjunctive. Ask students to study the *Grammaire* panel on page 91, which highlights expressions followed by the subjunctive. Then ask students to write five sentences, each containing one of these expressions, to describe cloning, e.g. *J'ai peur que le clonage soit une sorte de désir humain de jouer à Dieu.* Explain to students when to use the subjective and go through some key subjunctive phrases to impress the examiner, e.g. *Autant qu'on puisse en juger.*

 Module 4, Activity 1 ▶ Technologie ▶ Que faire des embryons congelés?

2 Ni dans mon assiette, ni dans mon champ!

(Student's Book pages 92–93)

Objectives

t Genetic modification – a moral issue

g The subjunctive (2)

s Prepare a talk (an oral exposé); weigh up pros and cons

Starter

In preparation for this unit's topic, write the following words and phrases related to cloning on the board for students to translate into English.

1 le clonage
2 les OGM (organismes génétiquement modifiés)
3 alléger la souffrance humaine
4 les manipulations génétiques
5 modifier le patrimoine génétique
6 l'insémination artificielle
7 le bébé-éprouvette
8 la percée technologique
9 servir de cobaye
10 mieux vaut prévenir que guérir

Answers:

1 cloning
2 genetically modified organisms
3 to alleviate human suffering
4 genetic engineering
5 to change the genetic inheritance
6 artificial insemination
7 test-tube baby
8 technological breakthrough
9 to be used as a guinea pig
10 prevention is better than cure

Reading 1, page 92

Ask students to read through the texts in the article about genetic modification. They then find in the texts synonyms for words and phrases 1–6, and the French equivalents of words and phrases 7–12.

Answers:

1 les chercheurs
2 se transmettront
3 ne … guère
4 militants
5 sans la main de l'homme
6 sécheresse
7 ont subi des modifications
8 extraire d'un organisme vivant
9 transgénique
10 les partisans
11 redoutent
12 saisir cette opportunité

Reading 2, page 92

Having read the article, students decide whether the eight phrases are true (V) or false (F).

Answers:

1 V, 2 V, 3 F, 4 V, 5 F, 6 V, 7 F, 8 F

Listening 3, page 92

In pairs students decide whether the eleven arguments are for or against genetic modification. Then, students listen to the interview and note down the number of each argument used.

Note: highlight the difference between *d'avantages* and *davantage* which are commonly used and encourage students to focus on the context to work out which word is being used.

 CD 2 Track 20

– Lorsqu'on pèse le pour et le contre des OGM, il faut bien regarder les choses en face. Il y a énormément d'avantages pour la productivité agricole. D'abord, les OGM ont une meilleure résistance, et aux infestations, et aux intempéries. Ensuite, considérons la question suivante: la population augmente, comment allons-nous nourrir tout le monde? Eh bien en greffant des gènes dans le riz ou le blé par exemple, on peut rendre ces aliments plus nutritifs et donc réduire la carence en vitamines d'une population. Finalement, avec les OGM on peut produire davantage de nourriture sur moins de terre, quelle chance non? Écoutez … Les médias parlent sans cesse des OGM, et cela ne fait qu'alimenter les peurs des consommateurs, on pourrait parler de complot médiatique. Il y a une attitude assez négative de la part du public envers les OGM, mais en réalité les arguments pour sont convaincants … nourrir le monde entier? Qui pourrait dire mieux?

– En principe, je suis hostile à toute interférence génétique. Pour moi, modifier la constitution d'une plante peut affecter d'autres plantes et créer des problèmes. Si jamais un gène s'échappe, il peut être transmis par un organisme à d'autres membres de son espèce, voire à d'autres espèces. Cela pourrait avoir des conséquences très graves, si, par exemple, les gènes résistants aux herbicides étaient transmis aux mauvaises herbes. On ne sait toujours pas si les gènes peuvent muter sans effets nocifs. Les scientifiques n'ont toujours pas assez d'informations à ce sujet. Personne ne connaît l'impact des OGM ni sur les oiseaux, ni sur les abeilles, etc. Une fois qu'on lâche des OGM dans la nature, on ne peut jamais les récupérer. Les scientifiques jouent vraiment aux apprentis sorciers et je suis contre ce genre de jeu …

Answers:

1 contre, 2 pour, 3 pour, 4 pour, 5 contre, 6 contre, 7 pour, 8 contre, 9 pour, 10 pour, 11 pour
arguments utlisés: 1, 2, 4, 5, 7, 8, 11

Reading 4, page 93

Note: Before doing this reading activity, you could ask students to look at the poster of José Bové and guess what he is protesting about. Then, ask students to read the article and fill in the blanks with the nouns from the list. Students should be careful as there are two words too many.

Answers:

Un (1) **agriculteur** cultivé, voilà le parcours de Joseph Bové! Avec un père spécialiste en agronomie et une mère professeur, il bénéficie d'une (2) **éducation** poussée. En 1973, il participe au rassemblement national contre l'(3) **extension** du camp militaire dans le Larzac. Avec sa femme Alice, il s'y installe alors et élève des (4) **moutons**, mais ne lâche en rien son côté contestataire, bien au contraire. Il prône une (5) **agriculture** autre. Après la création de la Confédération paysanne en 1987, Bové devient peu à peu le héros de la (6) **lutte** altermondialiste. Le porte-parole du syndicat multiplie les actions chocs vis-à-vis des OGM (arrachage de plants) ou de la «malbouffe» – (démontage d'un McDo) qui lui vaudront quelques condamnations et (7) **arrestations** spectaculaires. Son aura va désormais au-delà du cercle agricole. Présent dans les grandes (8) **réunions** mondiales (comme celle de Seattle en 1999) ou dans les points sensibles de la planète (Palestine, Brésil...) José Bové, moustache au vent et pipe à la bouche, sait se servir du «tout médiatique» de notre société pour défendre ses (9) **idées**.

Writing 5, page 93

To support this translation activity, ask students to read the *Grammaire* panel which highlights useful conjunctions which are used with the subjunctive. Then, ask students to translate the seven phrases into English.

Answers:

1 Some farmers grow GMOs so that they can increase their productivity and therefore their profit.
2 GMOs are not the only means we have to resolve the problem of famine.
3 Whatever one says or does, consumers will continue to buy products containing GMOs until one day there is a death.
4 Unless you prove to me that GMOs are not bad for your health, I am against them.
5 I am for GMOs on condition that they are tested.
6 Corn is the first plant to have been genetically modified.
7 Let's react and destroy products containing GMOs before it's too late.

Speaking 6, page 93

Ask students to read the *à l'examen* panel at the bottom left of page 93 which offers advice about preparing arguments that students can defend and justify. To put this into practice, split the class into groups of four and give each student one of the roles listed. They should spend a couple of minutes preparing their arguments which they should then debate as a class.

Extension exercise:

As an extension activity, create some role-play cards which include the following: name, position, point of view, specific moral issue that the person feels strongly about. Each student is allocated a card and takes on this persona. Students work in pairs. Each partner speaks about his or her issue and the other partner tries to guess what details are included on the role-play card.

Writing 7, page 93

Ask students to read the *à l'examen* panel on the bottom right of page 93 which encourages students to write a balanced argument including examples to support their argument. Then, ask students to write 240–270 words on the pros and cons of genetic modification.

Plenary

Ask students to write a couple of sentences to summarise what they have learnt in this unit about genetic modification that they didn't know before.

 Module 4 Activity 2 ▶ Style de vie ▶ Ma nouvelle copine est végétarienne!

3 Droit de vie, droit de mort

(Student's Book pages 94–95)

Objectives

t Euthanasia – a moral issue

g The perfect subjunctive
The imperfect subjunctive

s Use idiomatic expressions

Starter

Write the instruction on the board: *Trouvez l'équivalent de ces expressions dans l'article.* Then, ask students to read through the article at the top of page 94 and find the translations for the expressions below:

1 gives its verdict
2 suffering from an incurable disease
3 a cry for help
4 atrocious suffering
5 the right to mercy killing
6 bear
7 confessed
8 former
9 relieved
10 daily suffering

Answers:

1 se prononce
2 atteinte d'une maladie incurable
3 un cri de détresse
4 d'atroces souffrances
5 le droit d'être euthanasiée
6 supporter
7 avoué
8 ancienne
9 soulagées
10 un calvaire quotidien

Reading 1, page 94

Students re-read the article and answer the six questions in French.

Answers:

1 Elle souffre / Elle est atteinte d'une maladie incurable / d'une tumeur.
2 Elle était professeure des écoles.
3 Elle demande le droit d'être euthanasiée par un de ses médecins, le droit de mettre fin à ses atroces souffrances.
4 à la justice
5 parce que c'est une tumeur évolutive incurable, qu'elle ne peut plus supporter de souffrir, et ses enfants n'en peuvent plus de la voir souffrir.
6 La France interdit / n'autorise pas l'euthanasie active.

Reading 2, page 94

Ask students to match up the terms related to euthanasia and their definitions.

Answers:

1 f, 2 c, 3 b, 4 e, 5 d, 6 a, 7 g

Listening 3, page 94

Ask students to listen to the interview with François de Closets and note down in English the questions the journalist asks him. Students may find it easier to write down the questions in French first and then to translate them into English after the recording.

CD 2 Track 21

Int: Est-ce à la loi de trancher la question de l'euthanasie?

F de C: Une loi est aujourd'hui nécessaire en France. Il suffit de regarder ailleurs, en Suisse ou en Hollande, où le suicide assisté est appliqué depuis longtemps.

Int: L'euthanasie ne serait-elle pas une demande plutôt marginale?

F de C: Absolument pas. Il ne s'agit pas de faire une loi pour mourir, encore moins d'imposer l'euthanasie. Il s'agit de faire une loi pour ne pas mourir dans des conditions atroces, de donner aux gens une assurance contre la mauvaise mort. C'est finalement très pragmatique.

Int: Si on introduisait une loi sur l'euthanasie, quels critères devrait-on considérer?

F de C: Le critère ne doit pas tant porter sur l'état du patient que sur sa volonté, en s'assurant bien sûr qu'il ne s'agit pas d'un moment de désespoir, que c'est une décision prise en conscience. C'est la simple loi démocratique.

Int: Quelles sont les caractéristiques de la loi actuellement?

F de C: Actuellement, nous avons une loi qui impose à tout le monde de considérer que la vie est une obligation, mais dans une république laïque, c'est à chacun de décider comment vivre et jusqu'où.

Answers:

1 Is it up to the law to tackle the question of euthanasia?
2 Is euthanasia not a rather uncommon request?

3 If one were to introduce a law on euthanasia, what criteria should one consider?

4 How can the law be described currently?

Listening 4, page 94

Students listen to the interview again and write down François de Closet's responses in English.

Answers:

1 A law is necessary in France now. You just have to look elsewhere, in Switzerland or in Holland where assisted suicide has been in existence for a long time.

2 Absolutely not. It is not about making a law for dying, and even less about imposing euthanasia. It is about making a law to prevent dying in atrocious conditions, giving people an assurance against a terrible death. It is very pragmatic at the end of the day.

3 The criterion should not so much be based on the state of the patient as on his or her wishes, making sure that it is not a matter of a moment of despair, but a conscious decision. This is simple democratic law.

4 Currently, we have a law which requires everyone to consider that life is an obligation, but in a lay republic, it is up to each individual to decide how to live and for how long.

Reading 5, page 95

Ask students to complete the twelve expressions with the correct verb and then translate the expressions into English.

Note: Focus students' attention on the advice panel which lists some idiomatic expressions which will impress examiners. There are many more idiomatic expressions, including those in this exercise.

Answers:

1 avoir le droit de vie ou de mort – *to have the right to live or die*

2 exprimer le désir d'en finir avec la vie – *to express the desire to end one's life*

3 prolonger la vie à tout prix – *to prolong life at all costs*

4 légaliser l'euthanasie – *to legalise euthanasia / mercy killing*

5 ne plus supporter la douleur – *to bear the pain no longer*

6 injecter une substance léthale – *to give a lethal injection*

7 perdre l'envie de vivre – *to lose the will to live*

8 être entouré de ses proches – *to be surrounded by one's loved ones*

9 choisir son heure – *to choose one's time*

10 mettre fin à un acharnement thérapeutique – *to stop prolonged artificial life support*

11 être à bout – *to be at the end of one's tether*

12 mourir dans la dignité – *to die with dignity*

Writing 6, page 95

Ask students to translate the nine phrases into English. They may use dictionaries to look up unknown words, but encourage them not to translate word by word but to convey the meaning.

Answers:

1 L'acharnement thérapeutique est inhumain.

2 Nous devons / Il faut reconnaître le droit de mourir dans la dignité.

3 Une personne doit être maître de sa vie et avoir le droit de choisir son heure.

4 Il faut respecter les vœux et les convictions religieuses de chacun.

5 Un patient qui souffre n'est pas capable de prendre une décision sur l'euthanasie.

6 Ça m'étonne qu'on n'ait pas interdit l'euthanasie car l'autoriser c'est légaliser le meurtre.

7 Bien qu'ils choisissent d'aider des gens, les médecins n'ont pas pour rôle d'administrer / d'injecter des substances léthales.

8 En France, jusqu'à maintenant, je doute qu'on ait traité les êtres humains à la fin de leur vie aussi bien que les animaux à la fin de la leur.

9 Vous êtes content(e) d'avoir eu le temps d'en discuter avec votre mère. *or* Vous êtes content(e) que vous ayez eu le temps d'en discuter avec votre mère.

Speaking 7, page 95

Split the class in two and ask one half to prepare arguments FOR euthanasia and the other side to prepare arguments AGAINST euthanasia. They should listen carefully to their peers' counter arguments and be ready to defend and justify their points of view. There are some points listed in the Student's Book to offer support.

Writing 8, page 95

Ask students to imagine that they are journalists. They write an article of 240–270 words summarising the arguments for and against euthanasia.

Reading 9, page 95

Ask students to study the *Grammaire* panels which highlight the past and imperfect subjunctive. Then, ask students to read the transcript of the song *L'imparfait du Subjonctif* and write down the infinitives of the words in bold.

For more info about the band Chanson Plus Bifluorée go to www.chansonplus.free.fr.

Answers:

voir	se taire
plaire	faire
prendre	être
apercevoir	aimer
falloir	vouloir
voir	embrasser
plaire	recevoir
dire	

Plenary

To reinforce what has been covered in the past two units on the subjunctive, ask students to choose five verbs to conjugate in the present, past and the imperfect subjunctive.

 Module 4 Activity 3 ▶ Questions éthiques ▶ A-t-on le droit de choisir sa propre mort?

4 En quête de soi
(Student's Book pages 96–97)

Objectives

t Talk about spirituality and religion

g Verbs followed by the infinitive

s Use statistics

Starter

Display the following headings: *Les religions, Les fêtes religieuses, Les bâtiments religieux, Les adjectifs, Les verbes*. Call out the following vocabulary in a random order and ask students to place each item in the correct column: *le christianisme, le catholicisme, le protestantisme, l'islam, le judaïsme, le hindouisme, l'athéisme, Noël, Pâques, Mardi gras, l'église, la cathédrale, la chapelle, la synagogue, la mosquée, saint, pieux, athée, indifférent, hypocrite, immoral, adorer, pécher, baptiser, convertir, croire, confesser.*

This is a simple exercise, but it will give students some basic vocabulary which will ease them into this new topic.

Speaking 1, page 96

Ask students to read through the thirteen questions and then discuss their answers with a partner.

Listening 2, page 96

Ask students to listen to the recording and fill in the gaps.

 CD 2 Track 22

Métaphysique étoilée

Les nuits d'été sont propices à la méditation métaphysique. J'aime me coucher dans l'herbe, face au ciel et me laisser réduire à ma vraie dimension. Rien de plus apaisant … ou de plus terrifiant. Cela fait plus de cent mille ans que l'*Homo sapiens* s'interroge sur 'ce silence éternel de ces espaces infinis'. Toutes les religions sont nées de ce doute vertigineux.

Pas une cathédrale, pas un temple, pas une mosquée ne peut rivaliser avec la puissance spirituelle d'un ciel d'été. Sous un ciel alpin, normand ou provençal, nous sommes ramenés aux mêmes questions que nos lointains ancêtres de Lascaux: que faisons-nous dans cet univers démesuré? Y a-t-il un après?

Si vous ne désirez pas méditer sur ces questions, ne vous étendez pas dans l'herbe cet été.

Answers:

1 me coucher, 2 me laisser réduire, 3 sont nées, 4 rivaliser, 5 vous ne désirez pas

Writing 3, page 96

Before doing this exercise, focus students' attention on the *Grammaire* panel which highlights verbs which are followed by an infinitive. Then, ask students to translate the six phrases into English.

Answers:

1 J'adore regarder le ciel et méditer sur l'existence.
2 Mes amis préfèrent sortir en boîte.
3 Mais moi, j'espère devenir prêtre.
4 L'autre jour, j'ai vu ma mère discuter avec mon père.
5 Je l'ai entendue dire 'Il est très religieux tu sais …'
6 Mon père a répondu 'Il faut le laisser trouver sa voie.'

Speaking 4, page 97

Read aloud the advice panel and the different expressions which can be used when stating statistics. Then ask students to work in pairs. They take it in turns to describe the statistics using the expressions from the box. Their partner must decide whether their sentence is true or false.

Reading 5, page 97

Ask students to read the text and fill in the blanks with the verbs provided. Then, ask students to translate the text into English from *Le second …* Remind students that their translations should read easily.

Answers:

La quête spirituelle

Le monde où nous (1) **vivons** est plein de contrastes. Parfois dur et hostile, il est aussi source d'émerveillement et de joie. La vie peut être tour à tour pénible ou passionnante. On peut (2) **se sentir** seul, même entouré d'une foule de gens. En règle générale, la vie et l'univers demeurent pour nous un grand mystère. Depuis l'aube des temps, les hommes (3) **se sont interrogés** sur leur origine, sur le sens de la vie et de la mort.

C'est de cette longue quête spirituelle que (4) **sont nées** les multiples religions du monde. On peut (5) **distinguer** deux grands courants. Le premier (6) **accepte** le monde avec ce qu'il a d'essentiellement bon, tout en s'attachant à en corriger les défauts.

Le second considère que la réalité est spirituelle et cherche à libérer l'âme du monde matériel et du cycle éternel de la naissance, de la mort et de la réincarnation. Les religions nous proposent des manières de penser et des croyances. Elles nous enseignent des rites et nous aident à atteindre l'harmonie avec le monde.

Possible translation:

The second considers that reality is spiritual and seeks to liberate the soul from the material world and from the eternal cycle of birth, death and reincarnation. Religions propose ways of thinking and beliefs. They teach us rituals and help us to reach harmony with the world.

Listening 6, page 97

Students listen to four young people and note down what they say about their religion, the ceremonies mentioned and their opinion on their faith.

CD 2 Track 23

Oren, 17 ans
– Ma fête préférée, c'est la fête de Simhat Torah. Elle a lieu après le Nouvel an juif et tombe en octobre. On la célèbre quand on a fini de lire toute la Torah. J'aime bien parce qu'il y a une bonne ambiance. À la synagogue, on danse avec la Torah. À la fin, les adultes distribuent des bonbons aux enfants et on retrouve des copains. Ah, j'oubliais … un événement important dans ma vie: quand j'ai eu treize ans, j'ai fait ma bar mitsva. Je me suis préparé pendant un an à cette célébration. Le samedi suivant mon anniversaire, j'ai chanté un extrait de la Torah, à la synagogue, pendant une heure. Ensuite mes parents ont organisé un grand buffet pour la famille et les amis … et voilà, j'étais devenu un homme … La religion occupe une place importante dans ma vie et celle de ma famille.

Augustin, 18 ans
– Je pense que j'ai toujours eu la foi … J'ai vécu plusieurs moments importants pour ma religion et pour moi. J'ai fait ma première communion quand j'avais dix ans. Ce jour-là à la messe, j'ai pu manger le pain et boire le vin que Jésus a donné à ses disciples. Je me suis senti plus mature et heureux. D'ailleurs, à chaque fois que je communie, je me sens mieux, je me sens plus léger en quelque sorte. Il y a cinq ans, j'ai fait ma profession de foi. Je suis allé dans un monastère pour participer à une retraite de deux jours. On a prié avec une religieuse, on a aussi beaucoup discuté avec elle. Le jour de la cérémonie, j'ai reçu une bible. Je me suis senti vraiment proche de Dieu. Si je ne croyais pas en Dieu, il y aurait comme un vide en moi et je crois que ma vie n'aurait pas de sens.

Abdel-Aziz, 17 ans
– La fête que j'aime le plus c'est l'Aïd el-Fitr. Elle marque la fin du ramadan, qui cette année était en octobre. Pendant le ramadan on n'a pas le droit ni de manger ni de boire entre le lever et le coucher du soleil. Cette fois-ci j'avais très faim et pour ne pas y penser, je jouais à des jeux vidéo ou on se retrouvait entre amis pour discuter. Cela ne me dérange pas car j'ai choisi de faire le ramadan, et puis j'aime bien ces moments où on se retrouve tous ensemble. Par exemple cette année, la veille de la fête, ma mère et mes tantes avaient préparé des pâtisseries. Pour fêter la fin du ramadan, le jour même on était une douzaine à la maison. On est allés à la mosquée et après on a prié tous ensemble, avec mon père qui conduisait la prière. Ensuite les adultes ont offert des cadeaux aux enfants. On a chanté et on a bien mangé. On s'est couché tard, vers minuit …

Clothilde, 16 ans
– Je suis athée. Je ne crois pas en l'existence de Dieu, mais ma famille, elle, est pratiquante et je peux dire que je suis catholique de par ma culture. Je participe à toutes les fêtes principales à la maison. J'adore Pâques et Noël parce que je suis un peu gourmande et que j'aime les grands repas. Le bouddhisme me tente un peu, du point de vue spirituel, mais en fin de compte, je ne crois pas qu'il existe une vie après la mort. La vie se termine et c'est tout, point final. Mais ce n'est pas parce que je ne crois pas en un dieu quelconque que je n'ai pas de principes ou que je suis intolérante. Ça me met en colère lorsque les gens mélangent avoir une religion et avoir des principes, des valeurs morales.

Answers:

Refer to the transcript for the answers.

Speaking 7, page 97

Read the information in the *Prononciation* panel as a class and then ask students to listen and repeat in order to practise the pronouncing the words listed. After this activity, ask a few students to say these words and praise good pronunciation.

CD 2 Track 24

la relig**ion**
les convic**tions**
les pr**in**cipes
le christian**isme**
les croy**ances**
l'ath**éisme**
le p**éché**
l'Is**lam**
musulm**an**

Speaking 8, page 97

In pairs, students comment on the image and discuss the points listed.

Writing 9, page 97

Ask students to write 240–270 words about why religious sects target young people. To support them with this task, encourage them to use the phrases listed.

Plenary

Ask students to create their own survey (similar to the one in exercise 1) entitled *La religion et les jeunes*. They should include at least ten different questions to ask a partner. They should then feed back to the rest of the class and describe their partner's religious affiliation. Encourage them to use the verbs from the advice panel on page 97 which are useful when using the third person.

 Module 4 Activity 4 ▶ Religion ▶ Les jeunes et la religion

5 Fêtons-ça!
(Student's Book pages 98–99)

Objectives

t Talk about festivals, public holidays and traditions

g The perfect infinitive

s Explain your point of view; recount a story using your own personal experiences

Starter

Display the title: *Les jours fériés* and the following list of public holidays: *le jour de l'An, la Saint-Valentin, la Fête du travail, l'Ascension, le Lundi de pentecôte, la Fête nationale, l'Assomption, la Toussaint, l'Armistice, Noël.* Ask students to translate them into English. Students should then write down the date of these holidays in French. As a homework activity, if students find a close equivalent to their English name, they could find out what their name day would be.

Listening 1, page 98

Ask students to study the seven photos. Then ask students to listen to the recording and note the occasion that each photo represents and one extra detail.

CD 2 Track 25

– Il est super ton appareil photo dis-moi!
– Ouais, il est trop classe. Regarde-moi ça par exemple. Ça c'était l'année dernière à Noël. On fait toujours un grand repas en famille. On n'échappe pas à la dinde avec ma mère, et mon père nous sert toujours du bon champagne! Cette année je trouvais que

le champagne avait un drôle de goût, mais
en fait mon père s'est trompé et il avait aussi
ouvert une bouteille de champomy! Ma
grand-mère, elle, elle a bu trop de champagne.
Elle a souffert le lendemain.
– Hé, mais c'est Julie, là, avec le chapeau bleu!
– Oui, on a fêté le nouvel an entre copains. On a
dansé, on a picolé un peu. C'était génial.
– Oh, elle est trop bien cette photo! Il a l'air
impressionné ton petit frère!
– Je faisais des crêpes pour la Chandeleur …
Ce que tu ne vois pas sur la photo c'est que la
crêpe a atterri sur la tête de mon frère … On
était morts de rire.
– Ooh, la belle boîte en forme de cœur!
– Oh, ça va … Tu sais bien … À l'époque,
j'étais encore avec Lucie, c'est elle qui
m'a offert ces chocolats … On s'est quittés
depuis, bref, tu connais l'histoire …
– Hmm.
– Et ça … Ça c'était à Pâques, évidemment.
– Oui, mes petits cousins ont ramassé les œufs,
moi je les ai tous mangés mais j'ai eu une de
ces crises de foie!
– Qu'est-ce que t'es gourmand toi!
– Ah … Le 14 juillet, j'adore les feux d'artifice,
moi …
– Tiens, celle-ci est un peu bizarre.
– C'est des chrysanthèmes … Non, mais c'est
pas si bizarre que ça. C'est que ma mère est
assez religieuse et le jour de la Toussaint,
le 1 novembre, on porte des fleurs sur la tombe
de mon grand-père. Ce n'est pas triste tu sais,
c'est notre façon de se souvenir de lui et …

Answers:

d Noël (+ 1 detail), c le Nouvel An (+ 1 detail), g la
Chandeleur (+ 1 detail), b la Saint-Valentin (+ 1 detail),
a Pâques (+ 1 detail), f le quatorze juillet (+ 1 detail),
e le jour de la Toussaint (+ 1 detail)

Speaking 2, page 98

You may wish to go through the meanings of the
sentences listed to support students with this
exercise. Then, ask students to work in pairs and
answer the six questions.

Writing 3, page 98

As a class, read through the *Grammaire* panel which
illustrates the formation of the perfect infinitive.
Go through some examples to ensure students
understand. Students then join the sentences using
avant / sans / après and the perfect infinitive in order
to practise what they have learned.

Note: for further reinforcement of using the perfect
infinitive, use the exercises from the Grammar
Practice book.

Answers:

1 Ne sors pas de table avant d'avoir fini ta soupe!
2 Tu ne sortiras pas avant d'avoir rangé ta chambre!
3 Après avoir mis leurs chaussons sous le sapin de
   Noël, les enfants sont partis se coucher.
4 Ma sœur a eu mal au ventre après avoir mangé
   trois parts de galette des rois.
5 Chez moi, on ne commence jamais à manger sans
   s'être lavé les mains.
6 Chez nous, on n'entre pas sans avoir enlevé ses
   chaussures.
7 Ma tante ne se couche jamais sans avoir fait sa
   prière d'abord.
8 Après s'être aperçus qu'ils étaient sous le gui, ils se
   sont embrassés.

Reading 4, page 99

This is a very useful reading comprehension exercise
which requires students to select specific information.
Ask students to read the text from the Internet
chatroom and then copy and fill in the table as set out
in the Student's Book.

Answers:

Fête	Ville	Détails
festivals de cinéma	Cannes, Deauville, Rennes	découvrir des jeunes talents; voir des films qui sont peu diffusés; presque tous les mois des endroits différents
festivals de musique	Rennes	bonne musique, y est déjà allé; va y retourner
la Feria	Nîmes	tout le monde sort dans la rue; on boit on danse on va voir des corridas
Gay Pride	Paris	ambiance formidable excellente musique; tout le monde se réunit contre la discrimination
vendanges	le Sud (Aix)	rencontrer des gens intéressants; manger/jouer de la guitare ensemble; gagner de l'argent; travailler dur; faire la fête

Speaking 5, page 99

Ask students to work in pairs and discuss bullfighting, hunting, vegetarian food, young people and festivals, and young people and traditions.

Listening 6, page 99

Before attempting this exercise, students should read the sentence beginnings and endings that they will need to match up. Then, students listen to the recording and match up the sentence halves. This activity is common in the reading and listening exam. Encourage students to use common sense and ensure that their matched up sentences make grammatical sense. They should then put the sentences into the correct order.

CD 2 Track 26

– La Fête de la Musique a été créée en 1982 par Jack Lang et Maurice Fleuret. Quelle était l'ambition d'un tel événement?

– En 1981, Jack Lang investit dans l'aide aux artistes. Il commande une enquête qui montre qu'en France, 5 millions de personnes ont une pratique musicale. Il organise alors une fête pour réunir tout ce monde. L'événement se monte en 20 jours et ne prévoit qu'une demi-heure de musique, ce qui paraît assez original aujourd'hui.

– Comment expliquer son succès?

– C'est devenu une fête incontournable comme le 14 juillet ou Noël. Tout le monde a envie de participer. Mais son succès tient surtout d'un état d'esprit. Une étude montre que 87% des Français se disent prêts à écouter des musiques qu'ils ne connaissent pas ce jour-là. Il y a une vraie curiosité, un esprit de découverte.

– A-t-elle eu des répercussions dans le paysage musical français?

– Elle a ouvert les yeux et les oreilles des gens. Le principe de la fête c'est de faire coexister toutes les musiques de manière pacifique. Dans une certaine mesure, elle a peut-être aidé des styles musicaux comme le rock ou les musiques du monde à s'installer. Il y a 25 ans, le rock était marginalisé, il n'était pas du tout diffusé. Le fait de voir des concerts de rock dans les rues a changé les attitudes, les choses ont été plus facilement acceptées.

Answers:

1 d, 2 h, 3 b, 4 g, 5 e

Correct order: 2, 5, 1, 3, 4

Writing 7, page 99

Ask students to write 240–270 words about the photo and to include any details that they can draw from their own experiences relating to this photo. Inform students that sometimes they should elaborate their experiences. Explain that even examiners get bored, so students should make their writing and experiences as interesting and as accurate as possible to impress them.

Plenary

Ask students to read the text in the *Culture* panel which highlights how religious traditions in France are becoming a thing of the past. Then ask students to prepare a one-minute presentation about whether they believe the same thing is happening in the UK.

 Module 4 Activity 5 ▶ Traditions et coutumes ▶ Les traditions pour quoi faire?

6 Les droits des femmes
(Student's Book pages 100–101)

Objectives

t Examine women's status and rights in society

g Avoid the subjunctive

s Defend your point of view

Starter

In preparation for this topic, prior to the lesson, set a homework activity to find out about a French iconic figure who took part in the quest for the equality of women in the twentieth century, e.g. Cécile Brunschvigg, Simone de Beauvoir. Students may work in groups and should be prepared to give a two-minute presentation on their findings.

Speaking 1, page 100

In pairs, students study the dates and the events and match them up. Go through the answers with the class and find out which pair of students has the best general knowledge.

Answers:

a 4, b 1, c 6, d 8, e 2, f 9, g 11, h 10, i 3, j 5, k 7

Listening 2, page 100

Students listen to the recording and fill in the blanks with the words in the box.

CD 2 Track 27

Le XXe siècle a été marqué par un mouvement sans précédent d'émancipation des femmes. La distribution traditionnelle des rôles sociaux (sphère familiale et domestique pour les femmes / sphère publique pour les hommes) a été largement remise en cause. Depuis 1946, le principe d'égalité entre les hommes et les femmes est inscrit dans notre Constitution. Ces conquêtes sont notamment le fruit de mouvements féminins et féministes. Pour autant, la place des femmes reste conditionnée par la domination masculine. Les stéréotypes subsistent et les inégalités se perpétuent.

Answers:

1 mouvement, 2 sociaux, 3 publique, 4 inscrit, 5 notamment, 6 conditionnée, 7 stéréotypes, 8 perpétuent

Note: You could practise the pronunciation of the words and phrases below by asking students to listen and repeat, as in the *Prononciation* panel:

l'inégalité
l'émancipation
la sphère familiale
Ces conquêtes
vous avez été
vous êtes

Reading 3, page 100

Ask students to read the article and find the synonyms for the words listed. It is a good idea to inform students that synonyms play an important role at A2 level, as examiners want to see how varied their vocabulary is. Encourage your students to purchase a *dictionnaire des synonymes* to assist them in writing their research-based essay.

Answers:

1   insoumise
2   la conquête
3   sévices
4   subitement
5   croyant
6   respect
7   asservir
8   explicites

Reading 4, page 101

Having read the article, students decide whether the sentences are true or false. When you go through the answers, ask students to justify their responses, e.g. 1. *C'est faux parce que l'article affirme qu'elle est d'origine marocaine.*

Answers:

1 F, 2 F, 3 V, 4 V, 5 F

Listening 5, page 101

Students listen to Zahra and Sihem debating the issue of wearing a veil. One is for and the other is against. Students should listen carefully to their discussion and write down their arguments in English.

CD 2 Track 28

Zahra: Je m'appelle Zahra. Je suis lycéenne à Rennes. Je porte un foulard ce qui n'a jamais empêché mes professeurs de faire cours, ni mes camarades d'étudier …

Sihem: Bonjour moi c'est Sihem. Dis-moi, Zahra, le port du voile, c'est une manifestation religieuse, ce qui est incompatible avec le principe de laïcité. En plus, c'est le résultat de l'oppression exercée par les hommes contre les femmes. C'est une conséquence de la domination machiste.

Zahra: Sihem, sache que c'est mon choix à moi, ma décision de porter le foulard. C'est faux de prétendre que quelqu'un m'oblige à le porter. J'ai fait mon choix, je l'ai fait librement, et on devrait respecter mon choix. J'ai déjà constaté que ce choix ne fait de mal à personne. C'est trop facile de critiquer et de juger ce qui semble être étranger à la culture française, ne faudrait-il pas mieux parler de tolérance et d'intégration?

Sihem: Oui, la tolérance et l'intégration sont importantes, justement, c'est pour ça qu'il faut respecter les lois de son pays adoptif. Et c'est très clair que les écoles républicaines sont des écoles laïques. Il faut dire aussi que, pour moi, le plus important dans tout cela reste les droits des femmes, et pour moi, comme je l'ai déjà dit, le port du voile c'est un symbole de soumission.

Zahra: Et les musulmanes qui refusent de retirer leur foulard, exclues du système scolaire, que fait-on de leurs droits de femmes? Elles devraient rester dans leur communauté ou bien aller dans des écoles musulmanes, est-ce souhaitable? C'est ça que tu appelles l'«intégration»?

Sihem: Bien au contraire. Je m'adresse à toutes ces femmes. Je leur demande de surmonter leur peur et d'avoir le courage de se dévoiler.

Zahra: Ne peux-tu pas respecter leur choix, Sihem? Il ne s'agit pas d'une soumission, mais au contraire d'une affirmation personnelle. Et contrairement à ce que tu dis, la loi n'interdit pas de manière générale le port du foulard, ni celui d'une kippa, ou d'une croix. La triste vérité, si tu veux mon avis, c'est que même après plusieurs générations, les immigrés restent toujours des immigrés aux yeux de certains Français de souche. Refuser le port du foulard dans les établissements scolaires est selon moi un acte d'intolérance, voire un acte xénophobe qui renvoie des musulmans de France à des étrangers ou à des enfants d'immigrés pour qui l'intégration a été un échec. C'est honteux. Où est le principe d'égalité dans tout ça?

Answers:

Zahra – wearing a headscarf has never stopped teachers from teaching or students from studying. Own decision to wear it. Not been forced to. Too easy to criticise what seems foreign to French culture. Should women who refuse to remove the headscarf be excluded from the education system? It's not submission but a personal affirmation. Immigrants are still thought of as immigrants even after generations. Sihem – wearing a headscarf is incompatible with French principle of secularity. It's the result of oppression of women by men. Tolerance and integration are important so the laws of one's adopted country should be respected. The rights of women are the most important thing.

Speaking 6, page 101

Following on from the listening exercise, ask students to work in pairs and adopt two opposing views in relation to the wearing of the veil at school. Some students may feel sensitive about this issue so it is important to approach the topic sympathetically. Choose several pairs to present in front of the class and ask the rest of the students to vote for the person who put forward the best argument and best defended their point of view.

Writing 7, page 101

Refer students to the *Grammaire* panel which focuses on constructions that can be used to avoid the subjunctive. Then, ask students to rewrite the phrases using one of these constructions.

Answers:

1 Il est nécessaire de protéger les droits des femmes.
2 Il est important d'établir certains principes.
3 Si nous voulons lutter pour les droits des femmes, il faut aborder le droit à l'avortement.
4 Il est impossible de parler de l'avortement sans parler de moralité.
5 Il faut prendre en compte les intérêts de la mère et ceux du fœtus.

Speaking 8, page 101

Ask students to work in pairs to read the twelve arguments and discuss whether each one is for or against abortion.

Answers:

Pour:
1, 2, 3, 4, 8, 9, 11, 12

Contre:
5, 6, 7, 10

Writing 9, page 101

Ask students to write 240–270 words expressing their point of view regarding the controversial statement that abortion equates to murder.

Plenary

Display the following question: *Est-ce qu'il y a toujours une distribution traditionnelle des rôles sociaux: sphère familiale et domestique pour les femmes et sphère publique pour les hommes?* Ask students to discuss this in pairs and then summarise the points raised in their discussion to the rest of the class.

 Module 4 Activity 6 ▶ L'égalité ▶ Toujours des inégalités entre hommes et femmes

7 Citoyens du monde

(Student's Book pages 102–103)

Objectives

t Examine the motivations of humanitarian workers

g *Si* clauses (1)

s Translate from English into French; use your imagination for creative writing

Starter

Display the instruction: *Faites correspondre les mots sur la Citoyenneté et leurs définitions.* Then display the list of words and definitions below, but in jumbled order, for students to match up.

un citoyen	*un membre d'une communauté*
un don	*un cadeau*
épargner	*économiser*
versement	*une partie de la somme totale, un acompte*
l'actualité	*les événements récents*
bénévole	*volontaire*
mensonger	*dire quelque chose qui est faux*
emprunter	*prendre quelque chose qu'on doit rendre*
un moyen	*une façon/une méthode*
réagir	*faire quelque chose*
un engagement	*un accord*
avide	*envieux*

Speaking 1, page 102

In pairs, students read through the quiz and answer the questions to discover what type of citizen they are. Ask students for a show of hands to see which profile is the most popular in the class. Either *consom'acteur(trice), militant(e)* or *humaniste*.

Listening 2, page 102

Before starting the listening exercise, ask students to read the sentences. Then, ask students to listen to the recording and put the sentences into the correct order. Give students a couple of minutes to check their order before feeding back their answers. You may also want to provide students with a photocopy of the transcript at the end of the exercise so they can understand any errors they may have made.

 CD 2 Track 29

Int: Vous avez trente ans d'humanitaire derrière vous. Pourquoi partir en mission humanitaire?

FM: Surtout pas pour fuir ses insuffisances et ses doutes. Mais pas non plus pour sauver le monde. Dans les zones en difficulté, des hommes et des femmes sont debout et aptes à prendre en charge leur avenir. L'objectif du départ devrait être modeste: la rencontre, l'échange, la prise de conscience de la profonde injustice de ce monde. Nous pouvons tenter de mettre en commun nos compétences avec les populations en difficulté …

Int: Beaucoup d'étudiants souhaitent partir. Que vont-ils chercher?

FM: Souvent eux-mêmes! Mais au retour, ils garderont en tête que notre mode de vie occidental n'est pas unique, que le combat pour la justice et la dignité n'est jamais fini. Cela leur servira de repère toute leur vie.

Int: N'y a-t-il pas un risque de «trop» d'humanitaires?

FM: En effet, quand des jeunes en France montent un projet, ils croient bien faire. Mais leur projet s'ajoute à des centaines d'autres, ce qui va finir par semer le désordre. Dans certains pays qui ont besoin d'aide, les dirigeants consacrent plus de temps aux humanitaires qu'à leur population. Alors oui, trop d'humanitaires peut tuer l'humanitaire!

Answers:

4, 2, 3, 6, 5, 1

Writing 3, page 102

Ask students to focus their attention on the *Grammaire* panel which highlights *si* clauses and the sequence of tenses when using *si*. Then ask them to rewrite the sentences from exercise 2 using the *si* clause with the imperfect then conditional sequence of tenses.

Answers:

1 Si vous aviez des problèmes personnels, vous ne partiriez pas en mission humanitaire!
2 Si on partait en mission humanitaire, on ne sauverait pas forcément le monde.
3 Si vous partiez en mission avec un but réaliste, vous auriez plus de chances de l'atteindre.
4 Si nous partagions notre savoir avec les gens qui en ont besoin, on arriverait à mieux les aider.

5 Si tu partais en mission dans un pays avec une culture différente de la tienne, cela t'ouvrirait l'esprit et te servirait plus tard dans ta vie.

6 Si on ne limitait pas le nombre de projets, on risquerait de ne pas être efficace.

Reading 4, page 103

Ask four students to read aloud the excerpts from the blog. Then ask students to read the six phrases and complete them in French.

Suggested answers:

Note: tense and vocab may differ.

1 Charlotte croit que si elle part en mission humanitaire, elle pourra aider les pauvres / être utile / prendre du temps pour trouver sa voie et faire de bons choix.

2 Elle pense que si elle se retrouve seule dans un pays qu'elle ne connaît pas, elle apprendra des choses sur elle-même.

3 Elle estime que si elle est sur place, elle pourra observer le travail des associations.

4 Charlotte est impatiente de partir.

5 Après huit jours, Charlotte trouve les conditions de vie et de travail difficiles et ne peut s'empêcher de penser au retour.

6 Charlotte constate que si on part en mission humanitaire, on accepte de bouleverser sa vie, d'affronter l'inconnu.

Writing 5, page 103

Before doing this translation exercise, ask students to read the advice panel which offers good tips for translating from English into French. Then, ask students to translate the passage into French taking into account the points mentioned.

Answers:

Depuis longtemps / Ça fait longtemps que je pense à devenir bénévole. Si je m'ouvre sur le monde, je crois que je trouverai ma voie. J'aimerais travailler avec les enfants, mais je ne sais pas où j'irais. Cela doit être un vrai défi d'apprendre / d'enseigner le français aux enfants qui ne savent pas écrire leur propre langue par exemple. Mais je vais bouleverser ma vie. Je vais le faire!

Writing 6, page 103

Ask students to imagine that they are taking part in a humanitarian mission. Ask them to write 240–270 words, in the form of a blog, describing their news to their family and friends. Students should include the points listed.

Plenary

Ask a student to read aloud the information in the *Culture* panel about the island of Madagascar. Display the last line from the panel: *La moitié des Malgaches vivent avec moins d'un euro par jour.* Ask students to think about how they would cope living on one euro a day and write five sentences using a *si* clause to express their thoughts, e.g. *Si je devais vivre avec un euro par jour, je ne pourrais plus acheter de magazines.*

 Module 4 Activity 7 ▶ Pauvreté ▶ Une journée au Tchad

8 Je rêvais d'un autre monde
(Student's Book pages 104–105)

Objectives

t Join the anti-globalisation movement

g *Si* clauses (2)

s Assess advantages and drawbacks

Starter

Prior to the lesson, as a homework activity, ask students to find out the meaning of the term *altermondialisme* and to prepare a one-minute presentation which they should present to the rest of the class. Ask a volunteer to write all the points raised from the presentations on the board to pull together at the end of the session.

Listening 1, page 104

Ask students to study the diagram on page 104. You could ask a couple of students to read aloud the definition of the *Route equitable* and that of the *Route classique*. Then, ask students to listen to a report about the differences between *le commerce classique* and *le commerce équitable* and to take notes on the points listed.

 CD 2 Track 30

Les deux routes du coton

La route classique:

La famille de Madame Souko cultive un champ de deux hectares (quatre terrains de foot) qui permet de faire une récolte annuelle de coton et de produire l'alimentation pour toute la famille.

Elle souhaite vendre cette année 1 000 tonnes de coton au meilleur prix.

Madame Skeirama travaille depuis l'âge de 12 ans, 10 heures par jour, six jours sur sept. Sa vie est dure et pénible. Ses enfants sont obligés de travailler tous les après-midis. Elle aimerait pouvoir améliorer ses conditions de vie.

Pour pouvoir vendre plus de tee-shirts et baisser ses prix, Monsieur Iqbal cherche à acheter le coton en dessous du prix mondial. À la sortie de son usine, un tee-shirt lui a coûté 2€.

Madame Belplante souhaite des garanties sur la qualité des habits, la rapidité de la livraison et des prix bas. À la sortie de ses entrepôts, un tee-shirt coûte environ 5€. Elle souhaite le vendre bien plus cher pour faire un bénéfice.

Madame Dufont est vendeuse dans un magasin de vêtements et travaille 35 heures par semaine. Elle négocie avec la centrale d'achat et exige des garanties sur la qualité, les coloris et le prix. Elle vend le tee-shirt 20€ aux clients.

La route équitable:

La famille de Monsieur Mbale cultive un champ d'un hectare (deux terrains de foot) qui permet de faire une récolte annuelle de coton et de produire l'alimentation pour toute la famille.

Il cultive le coton biologique, 15% plus cher que le coton classique, et utilise des techniques respectueuses de l'environnement.

Madame Karudu travaille huit heures par jour avec des pauses régulières, cinq jours sur sept. Responsable des ouvriers, elle souhaite attirer l'attention de la communauté internationale sur les maladies tropicales très nombreuses sur l'île Maurice.

Monsieur Timol tient à se fournir en coton biologique. À la sortie de son usine, un tee-shirt coûte 5€. Il souhaite vendre à prix élevés pour que le maximum de bénéfices soit réservé aux salariés ou investi dans de nouvelles machines.

Madame Guillemette achète des vêtements équitables. À la sortie de ses entrepôts, un tee-shirt vaut 10€. Son objectif est de faire un léger bénéfice pour maintenir son activité et engager des actions de sensibilisation au commerce équitable.

Monsieur Wallace est vendeur et travaille 39 heures par semaine. Il négocie avec la centrale d'achat et demande une amélioration de la qualité des coutures des tee-shirts. Il les vendra 21€ aux clients.

Answers:

	rôle	nombre d'heures de travail par jour	nombre de jours de travail par semaine	deux autres détails
Kamissa Souko	cultivatrice			cultive un champ de deux hectares qui fait une récolte annuelle de coton et produit l'alimentation pour toute la famille; souhaite vendre cette année 1 000 tonnes de coton au meilleur prix
Sujatta Skeirama	ouvrière d'usine	dix heures par jour	six jours sur sept	travaille depuis l'âge de 12 ans; sa vie est dure et pénible; ses enfants sont obligés de travailler tous les après-midis; aimerait pouvoir améliorer ses conditions de vie
Mohamed Iqbal	patron d'usine			cherche à acheter le coton en dessous du prix mondial pour vendre plus de tee-shirts et baisser ses prix; un tee-shirt lui coûte 2€
Monique Belplante	acheteuse en gros			souhaite des garanties sur la qualité des habits, la rapidité de la livraison et des prix bas; un tee-shirt coûte 5€; souhaite le vendre bien plus cher pour faire un bénéfice

Martine Dufont	vendeuse dans un magasin de vêtements		35 heures par semaine	négocie avec la centrale d'achat et exige des garanties sur la qualité, les coloris et le prix; vend le tee-shirt 20€ aux clients
Davy Mbale	cultivateur			cultive un champ de coton biologique de 1 hectare qui fait une récolte annuelle de coton et produit l'alimentation pour toute la famille; cultive le coton biologique, 15% plus cher que le coton classique, et utilise des techniques respectueuses de l'environnement
Sabita Karudu	ouvrière d'usine	huit heures par jour avec des pauses régulières	cinq jours sur sept	responsable des ouvriers, elle souhaite attirer l'attention de la communauté internationale sur les maladies tropicales
Yuan Timol	patron d'usine			à la sortie de son usine, un tee-shirt coûte 5€; souhaite le vendre plus cher pour que le maximum de bénéfices soit réservé aux salariés ou investi dans de nouvelles machines
Suzie Guillemette	acheteuse en gros			achète des vêtements équitables; objectif est de faire un léger bénéfice pour maintenir son activité et engager des actions de sensibilisation au commerce équitable; tee-shirt vaut 10€
Doug Wallace	vendeur	39 heures par semaine		négocie avec la centrale d'achat et demande une amélioration de la qualité des coutures des tee-shirts; il les vendra 21€ aux clients

Speaking 2, page 104

Ask students to work in pairs to evaluate and discuss the advantages and disadvantages of *le commerce classique* and *le commerce équitable*. Before filling in the grid as set out in the Student's Book, ask students to read the information in the advice panel which encourages them to go beyond basic description when evaluating. You can also draw students' attention to the connectives on the right hand side to help them articulate their ideas.

Writing 3, page 105

Before doing this exercise, ask students to study the *Grammaire* panel which explains how to use *si* + pluperfect + conditional perfect and display the example. As preparation for the exercise, ask students to translate the example. Then, ask students to translate the five sentences into French.

Answers:

1 Si Mme Souko avait cultivé le coton biologique, elle aurait respecté la terre / la planète.
2 Si M. Iqbal avait donné plus d'argent à Mme Skeirama, ses enfants n'auraient pas été obligés / forcés de travailler.

3 Si M. Wallace n'avait pas choisi la route du commerce équitable, il aurait compromis ses principes.
4 Si Mme Belplante avait été prête à réduire ses bénéfices, on aurait pu améliorer les conditions de travail.
5 Si Carlos avait acheté un tee-shirt du commerce équitable, il l'aurait payé un peu plus cher.

Reading 4, page 105

Ask students to read the two advice panels which encourage them to use sophisticated vocabulary and structures and to jot them down throughout the year. This exercise ensures that students put this into practice, as students should read the text and then work in pairs to write down all the nouns, verbs and expressions that they could reuse in their written work.

Speaking 5, page 105

Ask students to work in pairs and to re-read the propositions from the *Porto Alegre manifesto* (exercise 4) and explain each of the propositions listed. They should then discuss which of the propositions they agree with and justify their answer.

Writing 6, page 105

Ask students to write 240–270 words on whether they can envisage another world – a fairer world. They should include a description of inequalities in the world, what can be done on a local and national scale and what they personally would be prepared to do.

Plenary

Ask students to write a speech to run for president. They should describe what actions they would take to make the world a fairer place. They should address the moral issues from this module, offer their political stance in relation to these controversial issues and try to incorporate the subjunctive!

Module 4 Activity 8 ▶ Questions éthiques ▶ Une nouvelle industrie pour Libreville

Épreuve orale Module 4
(Student's Book pages 110–111)

Listening 1, page 110

Ask students to read the questions which they must answer after listening to the debate about *la laïcité*. Play the recording and then ask students what the theme of the debate is, what point of view the candidate has adopted, what arguments she has prepared, whether they believe this candidate has researched and prepared her oral well and describe the arguments raised by the examiner.

CD 2 Track 31

– Bonjour Sophie. Alors, vous voulez présenter votre point de vue. Je vous écoute.
– La laïcité signifie la séparation de l'État et l'Église. Les gens qui soutiennent la laïcité sont pour un État qui ne discrimine ni ne favorise quelque religion que ce soit. Leurs opposants disent qu'ils sont contre les croyances religieuses et qu'ils voudraient les interdire. Mais c'est le contraire, car en réalité la laïcité a pour but de défendre le respect de tous les cultes. Un État laïc permet à ses citoyens de pratiquer la religion de leur choix, pourvu qu'ils n'essaient ni de l'imposer aux autres gens, ni de rejeter les lois du pays. En imposant une politique laïque, la France et les États-Unis ont inspiré la tendance mondiale actuelle vers la laïcité. La France est un pays laïc depuis plus de cent ans, et aujourd'hui il y a près d'une centaine de pays laïcs. Dans le monde actuel nous sommes exposés aux dangers liés à l'extrémisme. De plus en plus de gens sont convaincus que la laïcité est la méthode la plus efficace pour assurer une société tolérante, et c'est un avis que je partage.

– Vous dites que la France est un pays laïc depuis longtemps, mais la situation pourrait changer parce qu'il y a des problèmes avec le port du voile dans les écoles françaises.

– C'est vrai qu'il y a eu quelques petits problèmes isolés, mais si les musulmanes ne portent pas le voile à l'école, elles comprendront qu'elles sont l'égales des autres Françaises, ce qui est une bonne chose.

– Peut-être, mais êtes-vous pour la laïcité dans tous les domaines?

– Oui, je suis en faveur de la laïcité dans les domaines politiques, sociaux et éducatifs.

– Pourtant dans un pays civilisé on devrait pouvoir pratiquer ouvertement sa religion.

– Certes, cependant dans un pays géré par un gouvernement avec des partis pris religieux, la discrimination contre les minorités devient facilement acceptable.

– Où par exemple?

– Par exemple euh … dans quelques pays du Moyen-Orient où les chrétiens sont victimes de discrimination et de persécution … et dans les pays les plus extrémistes la punition pour celui qui insulte la religion de l'État, c'est la mort. La laïcité, elle, n'interdit la pratique d'aucune religion.

– Moi, personnellement, je ne vois pas pourquoi les gens ne peuvent pas porter de signes religieux à l'école et dans certains autres endroits.

– Il me semble évident que l'interdiction de porter des signes ostentatoires existe pour éviter d'être immédiatement identifié comme appartenant à un groupe, à une minorité.

– Mais dans une école, par exemple, les signes religieux devraient plutôt encourager la tolérance, non?

– Je crois que le système d'enseignement français est meilleur pour les enfants que le système britannique qui cherche à préserver la culture de tous, y compris la religion. Bien que ce soit un noble concept, en réalité cela empêche certains de réussir dans la vie. En revanche en France, tous les élèves doivent recevoir la même éducation et ainsi les divisions culturelles, sociales et religieuses sont moins apparentes.

– La situation aux États-Unis est comme en Grande-Bretagne sans doute?

– Mais non, parce que le premier amendement de la constitution des États-Unis interdit une religion d'état. Cet amendement garantit donc que les États-Unis restent un pays laïc.

– Je suis convaincu que le message essentiel de toutes les religions, c'est un message de paix. Donc, quel pourrait être le problème avec un gouvernement qui agit en accord avec ce message?

– Je suis d'accord avec vous sur le principe, mais l'histoire nous a déjà montré que la religion a été utilisée par les gouvernements pour provoquer et justifier des actes de violence. Un exemple frappant: prenons le massacre de la Saint-Barthélemy en France en 1572, eh bien les catholiques ont persécuté les protestants dans toute la France.

– D'accord, mais je ne vois pas le rapport avec la laïcité moderne.

– Certains catholiques ont été horrifiés par ce massacre et ont formé un groupe pour se battre pour la séparation de l'Église et de l'État.

– Mais c'est loin tout ça. Les choses ont changé.

– C'est vrai que c'est loin mais ce massacre a influencé les pensées et finalement les lois. Maintenant heureusement en France toutes les religions sont traitées de la même manière.

– D'accord. Le débat est terminé maintenant, on va continuer à discuter un petit peu d'autre chose. Intéressons-nous maintenant à …

Answers:

1 La laïcité
2 Elle est pour la laïcité qui est, selon elle, nécessaire pour avoir une société tolérante.
3 Définition de la laïcité (la séparation de l'État et l'Église; la laïcité a pour but de défendre le respect de tous les cultes, et celle de pratiquer la religion de son choix)
   • le pour et le contre: ce que pensent les gens qui soutiennent la laïcité (pour un État qui ne discrimine ni ne favorise quelque religion que ce soit); et ce que pensent ceux qui sont contre des personnes en faveur de la laïcité (ils les accusent de vouloir interdire les religions).
   • des exemples concrets: la France et les États-Unis
   • débat actuel: tendance mondiale actuelle vers la laïcité et montée de l'extremisme et des actes terroristes
4 Oui car elle explique le concept de laïcité. Elle a fait des recherches liées à un pays francophone.

Elle a préparé son point de vue, et surtout elle est capable d'exposer clairement les arguments des deux camps, et mentionne même des contre-arguments. Elle a une réponse pour tous les arguments que l'examinateur avance.

5 Il y a des problèmes avec le port du voile dans les écoles françaises
   • la laïcité dans tous les domaines
   • dans un pays civilisé on devrait pouvoir pratiquer ouvertement sa religion
   • on devrait pouvoir porter de signes religieux à l'école et dans certains autres endroits
   • les signes religieux devraient encourager la tolérance
   • le message essentiel de toutes les religions, c'est un message de paix; donc, cela ne pose pas de problème d'avoir un gouvernement qui soutient ou qui s'unit avec une religion.

Listening 2, page 110

Students listen to the next part of Sophie's exam which continues after the debate about *la laïcité*. They note down the two subjects which the examiner and Sophie discuss and the opinions expressed by Sophie.

CD 2 Track 32

– D'accord. Le débat est terminé maintenant, on va continuer à discuter un petit peu d'autre chose. Qu'est-ce que vous pensez de l'idée selon laquelle le terrorisme est toujours lié à la religion?

– Cette idée est répandue dans les médias mais l'argument est trop simpliste, je crois.

– Comment ça?

– On ne peut pas ignorer que beaucoup d'actes de terrorisme ont des motivations et des origines religieuses. Les attentats du 11 septembre sont un exemple qui me vient tout de suite à l'esprit. Et puis avant ça, il y avait les attentats commis par l'IRA en Grande-Bretagne. Pourtant l'Islam et le catholicisme considèrent tous les deux que le meurtre est un péché et que les meurtriers souffriront plus tard. Je suis convaincue que la majorité des catholiques et des musulmans condamnent de tels actes de terrorisme.

– Et vous personnellement, qu'est-ce que vous en pensez? Que pensez-vous de l'association entre religion et terrorisme?

– Il me semble que la religion peut jouer un rôle, et peut parfois être derrière des actes de terrorisme, mais je pense également qu'il est faux de croire que tous les actes de terrorisme ont nécessairement des origines religieuses.

– Et vous croyez que les actions des groupes extrémistes ont fait augmenter les préjugés contre les religions?

– Il est difficile de le nier. À cause de ces attentats, on pense que les gens qui pratiquent certaines religions sont des terroristes. Tous les musulmans ne sont pas des extrémistes, tout comme tous les musulmans ne sont pas des immigrés. Ma correspondante française, par exemple, elle et sa famille sont musulmans et ils sont tous nés en France, depuis plusieurs générations.

– Vous croyez que l'immigration pose un problème pour les pays occidentaux? Que pensez-vous de la …

Answers:

- Le terrorisme (la religion et les extrémistes religieux responsables d'actes terroristes)
- L'immigration

Speaking 3, page 110

Read through both advice panels which offer students important information about the structure and content of the oral exam. Highlight the fact that students should be prepared and confident to discuss unpredictable topics that will come up and offer strategies to assist your students. Then ask students which topics of conversation could follow a debate on the topics listed.

Writing 4, page 110

Ask students to prepare two questions that the examiner could ask on each of the predicted topics of conversation from exercise 3.

Speaking 5, page 111

Ask students to work in pairs. One student should come up with a topic at random and the other should say as many words and expressions as possible related to this topic in one minute. It is a good idea for students to brainstorm key vocabulary related to all the general topic areas covered in A2.

Reading 6, page 111

As an extension task of exercise 5, ask students to look in the Student's Book, in a dictionary, or in a newspaper or magazine for other words and expressions that they could add to their list of words and expressions to use in the A2 oral exam.

Speaking 7, page 111

Ask students to work in pairs and pick a topic at random for each other to discuss for one minute without too much repetition and hesitation. You could turn this into a game by asking students to present their topics in front of the class to see who repeats and hesitates the least. After this activity, ask students to read the information in the advice panel which encourages them to sound spontaneous and to have a good range of general debating vocabulary.

Speaking 8, page 111

Practise the sounds which English speakers of French find difficult; get students to listen and repeat the words listed. As an extension exercise, you could ask students to come up with three more examples of words which include nasal vowels. Explain that students are marked on their pronunciation and that incorrect pronunciation can sometimes distort the meaning and confuse the examiner – tell your students to ensure they make their tenses clear!

Speaking 9, page 111

Continuing on from exercise 8, ask students to make a list of words that they find difficult to pronounce. Then ask students to swap their list with their partner and find out if they have any words in common or words that they could add to their list.

Listening 10, page 111

Ask students to imagine that they intend to debate the re-establishment of military service. They then listen to a podcast that they have found about 'APD' (Appel de Préparation à la Défense) and note down as many details as possible. Ask students whether they feel they have enough information to form an opinion on this topic and if not to continue with their research.

CD 2 Track 33

En France le service militaire a été inauguré après la Révolution, en 1798, et finalement il a été suspendu en 2001. Mais aujourd'hui encore, l'année de leurs 17 ans, les jeunes Français doivent participer à l'Appel de Préparation à la Défense (APD) pendant une journée. Dès 2002, ce rendez-vous a concerné aussi les jeunes femmes. Le but de l'exercice? En une journée, convaincre les jeunes de la nécessité d'avoir une armée. Les militaires visent à convaincre certains de ces jeunes gens de s'engager dans l'armée professionnelle. La journée d'APD est bien remplie: projections de films, conférences, débats, et un test de maîtrise de la lecture. Les conférences ont pour thèmes les enjeux de la défense, ses objectifs, son organisation et les moyens et les métiers de la défense.

Listening 11, page 111

Students listen carefully to the recording which presents an examiner's questions. They note down in English what the examiner is asking and think about how they might answer these questions in French.

 CD 2 Track 34

1
Depuis quand est-il interdit de fumer dans les lieux publics?

2
Puisqu'il est interdit de fumer dans les lieux publics depuis relativement peu de temps, jusqu'à quel point peut-on tirer des conclusions sur les effets de cette interdiction? A-t-on vraiment eu le temps d'analyser les résultats de cette interdiction?

3
Que peut-on faire des déchets nucléaires?

4
Vous dites que la majorité des personnes anorexiques sont des jeunes filles mais vous recommandez des cours sur cette maladie pour tout le monde et dans toutes les écoles. C'est une perte de temps, n'est-ce pas? Ne vaut-il pas mieux concentrer les ressources éducatives sur les personnes vulnérables?

5
Que pensez-vous de l'idée de donner le droit de vote aux jeunes de 16 ans?

6
Un grand pourcentage des accidents de la route est causé par les jeunes conducteurs de moins de 25 ans. Il est donc juste que leur assurance voiture soit plus chère, non?

7
Un jeune qui vient de réussir son permis n'a pas beaucoup d'expérience, n'a pas eu l'occasion de rouler de nuit ou sur une autoroute. Ne devrait-on donc pas rendre l'épreuve de conduite plus difficile?

8
À votre avis, si on avait eu un système de cartes d'identité en place il y a quelques années, est-ce que cela aurait empêché les terroristes de poser des bombes dans le métro de Londres?

9
Où vaut-il mieux vivre, en ville ou à la campagne?

Épreuve écrite Module 4
(Student's Book pages 112–113)

Reading 1, page 112

With your class, read through both advice panels which clearly explain the translation task and how students should approach it. Then, ask students to translate the nine phrases into English paying close attention to their choice of tenses.

Answers:

1 If the weather had been fine, I would have gone to the Glastonbury festival with my friends.
2 Once cable TV was put in at home, we stopped watching the main public channels.
3 Provided you are over 18, you can drink alcohol in any bar.
4 If it snows this afternoon, I shall stay at home.
5 Life is difficult for those who are unemployed / the unemployed.
6 I don't think he is coming to see us today.
7 She will leave London when she has finished her studies.
8 He told me that his car had been stolen.
9 I'm pleased that he got the prize.

Writing 2, page 112

Ask students to rewrite the phrases from exercise 2, changing the underlined sections.

Writing 3, page 112

Ask students to translate the English passage into French. You could get students to then swap their translations with their partner to see if there are any changes they would make. Photocopy the translation below so that students have an example of a perfectly translated piece of English prose.

Answers:

Hier des étudiants français sont arrivés pour participer à un échange. Dès que ma correspondante s'était installée chez moi, je lui ai montré le programme d'activités. «Si j'avais su que nous allions sortir si souvent / autant, j'aurais demandé plus d'argent à mes parents », (a) dit Nathalie d'un ton plutôt triste. «Ne t'inquiète pas», ai-je répondu. «Tout est déjà payé. Demain, à moins qu'il ne pleuve, nous allons / on va visiter Stonehenge et puis nous allons / on va faire des courses / du shopping / du lèche-vitrine à Salisbury. Quand les magasins seront fermés, nous irons / on ira manger une pizza et nous irons / on ira au cinéma.»

Reading 4, page 113

Ask students to read the example of a candidate's discursive essay and to identify his/her plan.

Reading 5, page 113

Ask each student in the class to read aloud one of the teacher's remarks which appear frequently when grading students' written work. Ensure that students understand all of the vocabulary and then ask them to decide which comments apply to the essay in exercise 4; which comments they would add and why.

Answers:

1 Trop long
4 Langue correcte, quelques fautes d'orthographe et de grammaire
7 Vocabulaire relativement riche, varié, adapté
9 Structures assez complexes
11 Bonne compréhension du sujet, pas de digressions
12 Arguments clairs, cohérents et pertinents
13 Essai bien organisé
15 Présentation claire en paragraphes

Writing 6, page 113

Having read all the examiner's frequent comments, students should aim to avoid negative tendencies and ensure they receive positive feedback. Ask students to put all their knowledge and skills into practice and write their own essay in response to the essay question from exercise 4, *À votre avis, est-il utile de continuer à explorer l'espace? Expliquez votre réponse*.